Der Autor wurde 1950 in Erfurt geboren. Er studierte in Weimar Bauingenieurwesen und schloss das Studium 1977 mit der Promotion ab. Danach war der Autor bis zum Eintritt in den Ruhestand im Jahr 2015 in einem Erfurter Planungsbüro tätig.

Seit mehr als 45 Jahren beschäftigt sich der Autor mit romanischer und vorromanischer Kunst sowie mit der Geschichte des frühen Kirchenbaus vom frühchristlichen Kirchenbau bis zum Kirchenbau des 13. Jahrhunderts.

Michael Meisegeier

Das Grabmal des Theoderich in Ravenna - wirklich?

Ravenna ohne Honorius und ohne Theoderich

2. überarbeitete Auflage

FSC
www.fsc.org
MIX
Papier aus ver-
antwortungsvollen
Quellen
Paper from
responsible sources
FSC® C105338

Herstellung und Verlag: BoD – Books on Demand,
Norderstedt.
ISBN: 9783757821791

Inhaltsverzeichnis

Vorwort zur 2. Auflage

Wieso so kurz nach der Erstveröffentlichung eine 2. Auflage?

Kurz nach Fertigstellung meines Buches informierte BEAUFORT über eine Korrektur seiner Rekonstruktion der Spätantike. Aufgrund seiner aktuellen Forschungen sieht er den Einschub fiktiver Jahre vor Justinian nunmehr bei nur 95 Jahren (bisher 114 Jahre). Damit erhöhen sich die fiktiven Jahre nach den justinianischen Kaisern auf 323 Jahre (bisher 304 Jahre), so dass sich in Summe wieder die ursprünglichen 418 fiktiven Jahre als Gesamteinschub ergeben.

Mit dem Thema "Theoderich" bewege ich mich exakt in der Zeit zwischen Theodosius' Herrschaft und Justinians Eingreifen in Italien. Da ich auf BEAUFORTs Rekonstruktion der Antike und Spätantike als historischen Hintergrund aufbaue, machte sich damit eine Überarbeitung erforderlich. Die an sich geringfügig anmutende Änderung von 19 Jahren ergab völlig neue Ansätze für ein nachvollziehbares Geschichtsszenario in Italien.

Die Änderungen führten zwar weder zu einer grundlegend anderen Einordnung des sog. Mausoleums Theoderichs noch der Stadtgeschichte und -entwicklung Ravennas, aber zu einer neuen Rekonstruktion der Geschichte Italiens und der byzantinische Geschichte im ausgehenden 4. und im 5. Jh.

Vorbemerkungen

In meinen bisherigen Veröffentlichungen habe ich mich ausschließlich mit Kirchenbauten befasst.

Mit diesem Buch weiche ich von meiner üblichen Themenstellung ab und befasse mich mit einem einzelnen, ursprünglich nicht sakralen Bauwerk - dem sog. Grabmal oder Mausoleum von Theoderich dem Großen in Ravenna.

Da Theoderich das Thema ist, komme ich nicht umhin, mir auch die Stadt Ravenna und den vermeintlichen Palast des Theoderich etwas näher anzusehen.

Mit den angeblich frühchristlichen Kirchen in Ravenna hatte ich mich bereits in meinem Buch zum frühchristlichen Kirchenbau [MEISEGEIER 2017, 94ff] befasst. Seither gibt es einige neuere Erkenntnisse betreffend der Chronologie des 1. Jtds., insbesondere auch die für Ravenna wichtige Zeit des 5. und 6. Jh. betreffend, doch prinzipiell ist die von mir damals getroffene Einordnung der Kirchen Ravennas in das 12./13. Jh. für mich bis heute gültig. Nur San Vitale datiere ich heute etwas jünger, weswegen ich mir diesen Kirchenbau noch einmal in einem Abschnitt vornehme.

Wie allen meinen bisherigen Publikationen liegt auch dieser Arbeit die Rekonstruktion der Chronologie nach HEINSOHN und BEAUFORT (HEINSOHN-These, modifiziert von BEAUFORT) zugrunde, die eine radikale Verkürzung des 1. Jtds. auf ganze ca. 300 Jahre beinhaltet.
Leider ist Gunnar HEINSOHN Anfang des Jahres verstorben. Ich begrüsse es sehr, dass Jan BEAUFORT die Forschung an der Chronologie des 1. Jtds. fortsetzen möchte.

Spannend ist das Thema auf jeden Fall, da die Herrschaft Theoderichs und die Errichtung seines Grabmals in eine Zeit fallen, die von HEINSOHN und BEAUFORT als fiktiv angesehen wird. Mehr noch, auch das Ende des Weströmischen Reichs fällt in diese Zeit.

Ich muss den Leser vorwarnen. Aufgrund meiner von der traditionellen Sichtweise grundsätzlich abweichenden Auffassung zur tatsächlichen Ereignisgeschichte haben meine Ausführungen zwangsläufig teils spekulativen Charakter. Genauso sind diesbezügliche Zirkelschlüsse unvermeidlich. Ich sehe das nicht als Nachteil. Gegenüber der großflächigen Konstruktion (Fälschung) der antiken und mittelalterlichen Geschichte sehe ich das als vernachlässigbare Sünde.

Fremdspachige Zitate werden - entgegen den akademischen Regeln - in der Übersetzung wiedergegeben, um die Verständlichkeit des Textes beizubehalten.
Für die Übersetzung der fremdsprachiger Texte habe ich vorwiegend die kostenlose Version von www.DeepL.com/Translater verwendet. In den Zitaten evtl. vorhandene Quellenangaben habe ich weggelassen. Interessenten mögen diese bei Bedarf aus den von mir zitierten Quellen entnehmen.

Die manipulierte Chronologie des 1. Jtsd.

Die antike und mittelalterliche Geschichte Europas, aber auch die von Nordafrika, dem Nahen Osten sowie von Byzanz, hat ein gravierendes Problem.
ARNDT hat in seinem Buch "Die wohlkonstruierte Geschichte" für mich überzeugend nachgewiesen, dass die Herrscherlisten Alteuropas konstruiert sind. ARNDT sieht von 768 bis 1493 ein geschlossenes System, das während der Herrschaft Karl V. (1520-1556) "entworfen wurde, oder zumindest in wesentlichen Teilen erweitert wurde" [ARNDT 2015, 71f] ARNDT hat diesbezüglich nachgelegt und auch für die römische Antike deutlich gemacht, dass die Liste der römischen Kaiser einschließlich ihrer Herrschaftszeiten konstruiert ist und nicht die Realität widerspiegelt [ARNDT 2021].

Das heißt konkret, dass die Geschichte des gesamten europäischen Mittelalters (und offenbar weit darüber hinaus) weitgehend erfunden ist. Unser Geschichtsbild wird bis heute durch diese gefälschte, größtenteils erfundene Ereignisgeschichte bestimmt. Die Erfindung betrifft wie oben bereits gesagt sowohl die Geschichte der Karolinger, als auch die der Ottonen, aber auch die Geschichte der Salier und Staufer. Meine Interpretation: Das gesamte römisch-deutsche Kaisertum hat es vor dem Spätmittelalter nie gegeben.

Nun ist nicht nur die Geschichte konstruiert, sondern die Chronologie enthält auch auf der Zeitachse Abschnitte, sog. Phantomzeiten, die real keine Geschichte enthalten können, die aber nachträglich mit "Geschichte" gefüllt worden sind.
So sah z. B. ILLIG den Einschub einer 297jährigen Phantomzeit in der Zeit von 614 bis 911, die nachträglich u. a. mit der Karolingergeschichte gefüllt wurde.

Bemerkenswert ist, dass nicht nur die Geschichtsfüllung der Phantomzeiten erfunden ist, sondern die Geschichte darüber hinaus, in der Realzeit, ebenfalls konstruiert ist, womit die tatsächliche Ereignisgeschichte in diesem langen Zeitraum fast unkenntlich geworden ist.

Die Geschichtsschreibung oblag allein der Kirche, d. h. die Kirche besaß die Deutungshoheit über ihre eigene Geschichte. Es ist also generell davon auszugehen, dass die reale Ereignisgeschichte im Sinne der römischen Kirche umgedeutet wurde. Wir müssen davon ausgehen, dass die Ereignisgeschichte der Antike und des Mittelalters in weiten Bereichen völlig anders ablief, als sie uns traditionell vermittelt wird.

Ein Beispiel ist der sog. Investiturstreit des späten 11. und beginnenden 12. Jh. im Bereich der römischen Kirche, der m. E. der Streit um das Eigenkirchenrecht war, welches am Ende durch das Patronatsrecht abgelöst wurde. Auch die Kreuzzüge halte ich für eine Um- bzw. Zweckinterpretation der römischen Kirche (siehe [MEISEGEIER 2023, 52ff]).

In [MEISEGEIER 2019-1, 16] habe ich deswegen folgende These formuliert:

Alle Schriftquellen, wie Chroniken, Urkunden, etc., die unseren mitteleuropäischen Bereich betreffen und von denen die Forschung ausgeht, dass sie im Zeitraum von ca. 600 bis dem 12. Jh. verfasst sind, sind im Wesentlichen Fälschungen ab dem 12. Jh., also nachträglich verfasst und rückdatiert. Der Fälschungsumfang dürfte auch noch die meisten Quellen des 12. Jh. betreffen und möglicherweise noch darüber hinaus. Betroffen sind auf jeden Fall alle karolingischen und alle ottonischen Quellen, aber eben auch die dem 11. Jh. zugeschriebenen Quellen sowie auch spätere. D. h., alle auf uns überkommenen, sogenannten zeitgenössischen Schriftquellen des frühen und hohen Mittelalters sind Pseudepigraphen, d. h. Falschzuschreibungen, oder Fälschungen.

Dasselbe gilt im Prinzip auch für Byzanz.

"Auch die byzantinische Geschichte kennt ein ähnlich wohlstrukturiertes Mittelalter wie auch der Rest Europas.

Besonders auffällig ist hier die Makedonische Dynastie (867-1056)." [ARNDT 2015, 156]

"Erst mit dem Jahre 1204, der Besetzung Konstantinopels durch die Kreuzfahrer, ist die deutliche Strukturierung der byzantinischen Geschichte beendet. Das lässt darauf schließen, dass wesentliche Teile davon erst nach 1204 geschrieben wurden. Die byzantinische Geschichte unterscheidet sich insofern nicht von der Geschichte der anderen Länder Europas." [ebd., 164]

Seit 2013 arbeitete HEINSOHN, der leider im Frühjahr verstorben ist und der zuvor gemeinsam mit ILLIG arbeitete, an seiner eigenen These, die sog. HEINSOHN-These, nach der die Chronologie des 1. Jahrtausends keine Phantomzeiten enthält, sondern nur drei zeitgleiche Abschnitte mit regional unterschiedlicher Ereignisgeschichte - die weströmische Antike (0-230), die byzantinische Spätantike (290-520) und das europäische Frühmittelalter (700-930) -, die irrtümlich aneinandergereiht wurden, womit die Chronologie des 1. Jahrtausends künstlich um ca. 700 Jahre gestreckt wurde. Er sieht jeweils am Ende dieser Zeitabschnitte, d. h. um 230 in Westrom, um 520 in Byzanz und um 930 im Norden/Nordosten je eine größere Naturkatastrophe, die derzeit als drei einzelne Katastrophen erscheinen, die jedoch für ihn infolge des Übereinanderlegen dieser zeitgleichen Abschnitte eine globale Naturkatastrophe repräsentieren.
HEINSOHN gibt auf der Webseite "www.q-mag.org/gunnar-heinsohns-latest.html" unter dem Artikel "The Creation of the First Millennium" eine Kurzvorstellung seiner Hauptthesen.
Weiterhin ist eine 70-seitige englische Kurzfassung des rund 700-seitigen deutschen Manuskriptblocks von WIE LANGE WÄHRTE DAS ERSTE JAHRTAUSEND? unter http://www.q-mag.org/gunnar-heinsohn-the-stratigraphy-of-rome-benchmark-for-the-chronology-of-the-first-millennium-ce.html zu finden.
Die Zeitgleichheit von weströmischer Antike und Spätantike bewirkt, dass Diokletian parallel zu Augustus herrschte. Er unterscheidet zwischen stadtrömischen Kaisern und Kaisern,

die außerhalb der Stadt Rom herrschten. HEINSOHN weist darauf hin, dass letztere nur selten bzw. sogar nie in Rom waren.

Schon 2012, d. h. noch vor HEINSOHN, hat ARNDT eine 700jährige Phantomzeit in der Chronologie vermerkt. Entgegen HEINSOHN sieht er jedoch keine parallelen Zeitabschnitte. Er verlängert zunächst die Phantomzeit von Illig um 12 Jahre von 602 - 911 u. Z., dann hält er die Zeit von 911-1078 u. Z. für fiktiv und sieht weitere 224 fiktive Jahre von 0 - 602, vor allem im 5. und 6. Jh. (309+167+224=700).

Meinen bisherigen Arbeiten hatte ich die HEINSOHN-These zugrunde gelegt, jedoch von Anfang an mit der Einschränkung, dass ich die Geschichte im Zeitabschnitt 700 bis 930 entgegen HEINSOHN als Phantomzeit gesehen habe. Die "Geschichte" dieses Abschnittes betrachte ich für frei erfunden, ähnlich ILLIG, womit diese also nicht in die Antike verschoben werden kann.

BEAUFORT unterstützt die These HEINSOHNs grundsätzlich, legt aber sozusagen eine eigene Version der HEINSOHN-These vor, die sich hinsichtlich der Rekonstruktion der antiken Geschichte von der HEINSOHNs unterscheidet.
Während HEINSOHN die Prinzipat-Kaiser von Augustus bis Severus Alexander als Romkaiser sieht und diese parallel zu Diokletian bis Anastasios einordnet, sind nach BEAUFORT die Prinzipat-Kaiser Nerva bis Carinus keine Romkaiser, sondern sog. Grenzkaiser, wie er die außerhalb Roms in den römischen Grenzprovinzen herrschenden Kaiser nennt, die letztlich im Auftrag des Senats für die Sicherung der Grenzen des Reichs zuständig waren, und ordnet diese - genau wie die traditionelle Chronologie - zeitlich vor Diokletian ein.

"Diese Kaiser (die Grenzkaiser - MM) deute ich so, wie Heinsohn die Kaiser der Tetrarchie versteht: als „Grenzkaiser", die in den römischen Grenzprovinzen herrschten, während die zentralen, später „senatorisch" genannten Provinzen dem Senat unterstellt blieben und von Rom aus verwaltet wurden."

Grenzkaiser gab es, seit das Römerreich ab dem frühen 2. Jh. v. Chr. begann, sich über die Grenzen Italiens hinaus auszudehnen." [BEAUFORT 2022-1, 22f]

M. E. wurden die zentralen Provinzen ab der Tetrarchie Diokletians von einem eigenen Grenzkaiser regiert, d. h. nicht mehr vom Senat in Rom. Maximus (trad. 286-305 n. Chr., korr. 2-21 n. Chr.) war der erste in Mailand residierende Grenzkaiser für die zentralen Provinzen. Er herrschte parallel zu den stadtrömischen Kaisern Augustus und Tiberius.

Aus BEAUFORTs Version resultiert das Phänomen, dass es die frühen Grenzkaiser von Nerva bis Carinus schon zur Zeit der späten Römischen Republik gab, d. h. lange vor Beginn der traditionellen Kaiserzeit.

Die Geschichte der Römischen Republik (trad. 509-27 v. Chr.) und die Prinzipatkaiser Augustus bis Domitian (trad. 27 v. Chr. - 96 n. Chr.) verschieben sich bei ihm um 284 Jahre in Richtung unserer Zeit, d. h. sie datieren damit neu von 225-258 n. Chr. bzw. 258-380 n. Chr.

Das Ende der Antike sieht BEAUFORT durch die Schlacht von Adrianopel 94/378 n. Chr. markiert, in der das oströmische Heer gegen die terwingischen Goten unterlag und in der Kaiser Valens fiel. Aus den Terwingen sollen später u. a. die Westgoten hervorgegangen sein.

Nach BEAUFORT (und HEINSOHN?) wurden in die Chronologie 418 fiktive Jahre eingefügt, und zwar nicht en bloc, sondern in zwei Abschnitten. Ein erster 95-Jahre-Abschnitt gemäß BEAUFORT vor Justinian (nach BEAUFORT vielleicht von Justinian selbst veranlasst) und ein zweiter 323-Jahre-Abschnitt nach 610 (nach Phokas). Damit wurde das Jahr des Todes von Phokas 610 n. Chr. zum Jahr 933 u. Z.
Während HEINSOHN und BEAUFORT bis vor Kurzem noch einen Einschub von 114 Jahren zwischen der Schlacht von Adrianopel 378 n. Chr. und dem Herrschaftsantritt von

Justinian 527 n. Chr. vorschlugen, hält BEAUFORT heute einen Einschub von "nur" 95 Jahren für zutreffend.

Die nachjustinianischen Kaiser wurden wie Justinian um 95 Jahre in Richtung Gegenwart verschoben (korrigierte Herrschaftsdaten n. Chr. wären damit: Justin II. 470-483, Tiberius I. 483-487, Maurikios 487-507, Phokas 507-515).

BEAUFORT sieht Herakleios (trad. 610-641 n. Chr.) deutlich früher, noch vor Adrianopel. Sein Argument, dessen Kampf gegen Muslime, kann ich jedoch nicht nachvollziehen. Für mein vorliegendes Thema ist das jedoch ohne Belang.

Der zweite Einschub von 323 Jahren erfolgte vielleicht im Hochmittelalter (11. Jh.?) im Zusammenhang mit der Schaffung der Zeitrechnung nach u. Z. (oder auch AD-Zeitrechnung), der heute noch gültigen Zeitrechnung.

Dadurch gelangt der Tod des Phokas (trad. 610 n. Chr.) in das Jahr 933 u. Z.

Durch diese Einschübe wurde die Epoche der christlichen Zeitrechnung (1 = Geburt Christi) um 418 Jahre in die Vergangenheit geschoben.

Der Gesamteinschub von fiktiver Zeit beträgt also bei BEAUFORT 95+323 = 418 Jahre. Mit der Streckung der Antike durch das Nacheinanderreihen der stadtrömischen und der Grenzkaiser beträgt die Verlängerung der Chronologie bei ihm insgesamt 284+418 = 702 Jahre.

Eckwerte nach BEAUFORT:
515 u. Z. = Friede von Apameia
516 u. Z. = Trajan Kaiser
676 u. Z. = Octavian Augustus Kaiser
702 u. Z. = Jahr 0 Diokletian
796 u. Z. = Schlacht von Adrianopel
888 u. Z. = Tod Justinian (neu mit 95/323 Jahren Einschub)

Bei den obigen Eckwerten hat BEAUFORT die von ihm angenommenen Einschübe fiktiver Zeit herausgerechnet.

Beispiele:
Augustus: 258 n. Chr. + 418 = 676 u. Z.
Adrianopel: 378 n. Chr. + 418 = 796 u. Z.
Tod Justinians: 565 n. Chr. + 323 = 888 u. Z.

Die Rechnung ist in sich stimmig, obgleich die neuen Datierungen äußerst gewöhnungsbedürftig und für den Laien meiner Meinung nach unübersichtlich sind.
Meine Interpretation:

Für meine vorliegende Arbeit halte ich mich an BEAUFORT und übernehme seine Rekonstruktion der Antike, wobei ich mir natürlich bewusst bin, dass seine Rekonstruktion nur einen Arbeitsstand (05/23) darstellt.

Natürlich kann es in der fiktiven Zeit keine reale Ereignisgeschichte gegeben haben. Diese fiktiven 418 Jahre wurden im Nachgang weitgehend mit erfundener oder zeitlich verschobener Geschichte gefüllt.

Auf jeden Fall bedeutet das, dass Justinian nicht 527 n. Chr. auf den Kaiserthron in Konstantinopel kam, sondern bereits 432 n. Chr. Mit Justinian wurden auch die nachfolgenden Kaiser bis einschließlich Phokas verschoben. Diese regierten real also ebenso 95 Jahre früher.

Durch die Verschiebung von Justinian um 95 Jahre in Richtung Vergangenheit, stellt sich die Frage nach dem Verbleib der traditionell vor Justinian herrschenden Kaiser, also die wesentliche Frage, wo der Einschub der fiktiven Jahre erfolgt ist. Durch die Verschiebung müssen zwangsläufig Kaiser aus der traditionellen Liste der spätantiken Kaiser entfallen, wenn man nicht die Herrschaftsdauer der Kaiser zusammenstreichen will.

Als Fixpunkt dürfte Justinian dienen. Er trat in Konstantinopel im Jahr 527-95 = 432 n. Chr. die Herrschaft an. Im Westen taucht er spätestens 551/552-95 = 456/457 n. Chr. (Feldzug des Narses) auf.

Die Betrachtung muss für den Osten und den Westen getrennt erfolgen.

Zunächst der Osten: Der Einschub der 95 fiktiven Jahre unmittelbar vor dem Herrschaftsantritt Justinians würde bedeuten, dass die Jahre 432 bis 527 n. Chr. in der traditionellen Chronologie nachträglich hineinkonstruiert wurden. Davon wären die Vorgänger Theodosius II. bis Justin I. betroffen. Das halte ich für unwahrscheinlich.
Für wahrscheinlicher halte ich, dass der Einschub der 95 fiktiven Jahre vor dem Herrschaftsantritt von Zeno erfolgt ist. Die Jahre 379 bis 474 n. Chr. werden dadurch zu fiktiven Jahren. Das bedeutet im Klartext, dass in der Chronologie des Ostens die Kaiser Theodosius I. bis Leo II. überzählig sind. Diese sind in der Kaiserfolge ersatzlos zu streichen. Das bedeutet aber auch, dass nach der Schlacht in Adrianopel 378 n. Chr. und dem Tod des Valens nicht Theodosius I., sondern Zeno ab 379 n. Chr. auf den Thron in Konstantinopel kam.

Nun der Westen: Mit Justinians Eingreifen in Italien (Gotenkrieg) musste auch die Chronologie des Westens synchronisiert werden. Ich halte den Feldzug des Narses (trad. 551/552 n. Chr.) für den Schnittpunkt, wo sich die Chronologie des Ostens mit der des Westens kreuzte. Damit dürfte der Feldzug real 95 Jahre früher, d. h. 456/457 n. Chr., stattgefunden haben. Das bedeutet aber zusätzlich, dass die Jahre 456/457 bis 551/552 n. Chr. im Westen fiktive Jahre sein müssen und die Ereignisse in dieser Zeit erfunden sind.
In diese Zeit fallen die wichtigen Ereignisse der traditionellen Geschichtsschreibung wie die Entmachtung des Romulus Augustus 476 durch Odoaker und die gesamte Herrschaft der Goten in Italien.

Chronologie des 1. Jahrtausends

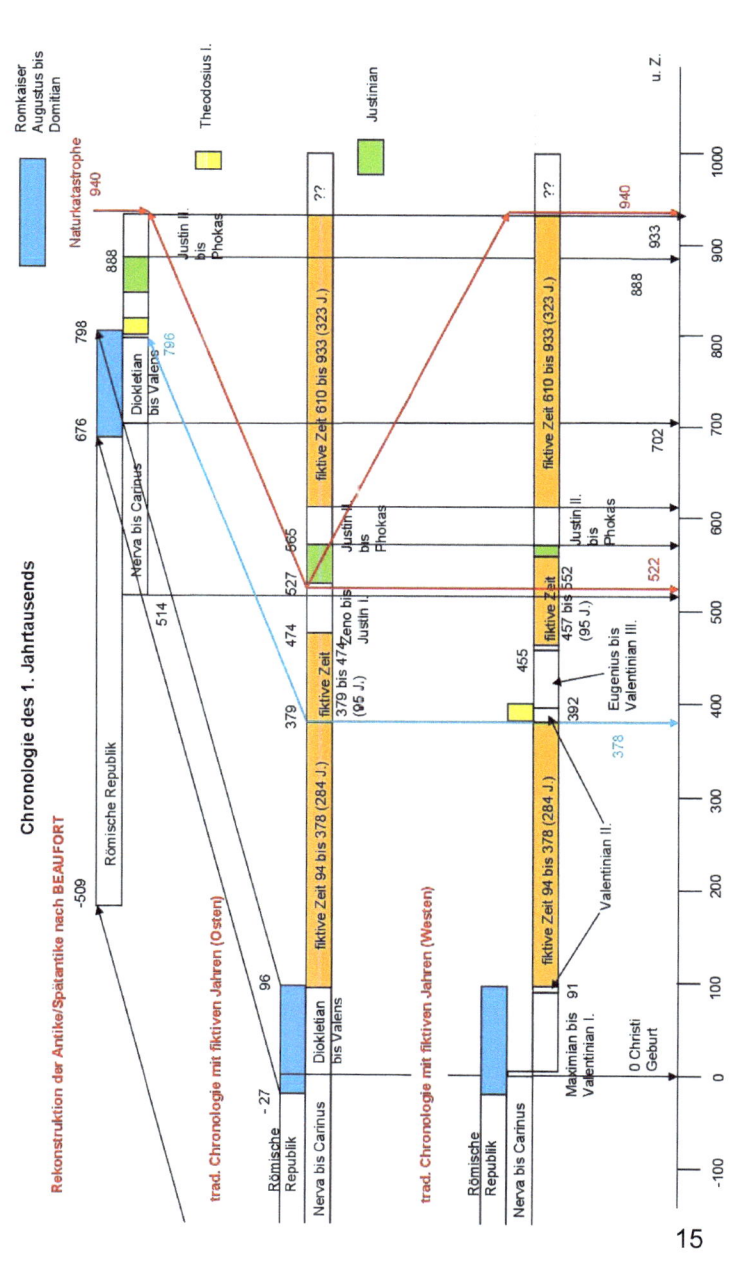

15

Auf der vorherigen Seite habe ich versucht, die fiktiven Jahre in der traditionellen Chronologie grafisch darzustellen.

Die Rekonstruktion der Antike/Spätantike bis Phokas nach BEAUFORT habe ich zum Vergleich in die Grafik zusätzlich aufgenommen.

Die aus meiner Sicht wahrscheinliche Ereignisgeschichte von Ende des 4. Jh. bis Mitte des 5. Jh. versuche ich im Abschnitt *Theodosius und Theoderich* zu rekonstruieren.

Wegen der meiner Auffassung nach besseren Verständlichkeit behalte ich die traditionelle Anordnung auf der Zeitachse bei, womit die Römische Republik (trad. von 509 - 27. v. Chr.) und die Prinzipatkaiser bis Domitian (trad. von 27 v. Chr. - 96 n. Chr.) wie gewohnt von 509 v. Chr. bis 96 n. Chr. datieren.
Die Kaiser Nerva bis Valens (trad. 96 - 378 n. Chr.) werden gemäß BEAUFORT um 284 Jahre in Richtung Vergangenheit geschoben. Durch die Verschiebung entsteht eine Lücke von 284 Jahren, deren Beginn/Ende durch die Schlacht von Adrianopel 94/378 n. Chr. markiert ist.
Diese "Lücke" ist prinzipiell ereignislos. Sie resultiert vermutlich aus dem Übergang von der Ära Diokletian (DE) zur christlichen Ära "v. Chr./ n. Chr." (CE).

Die christliche Zeitrechnung geht nach BEAUFORT wahrscheinlich auf eine Osterfestberechnung des Patriarchen von Alexandrien, Cyrill von Alexandria (†444 n. Chr.), zurück, der 418 u. Z. eine 95jährige Ostertafel mit dem Kopfjahr 153 DE (= 437 n. Chr.) berechnete, welche dann Dionysius Exiguus fortsetzte. Zur selben Zeit schrieb Eusebius Hieronymus (†420 n. Chr.) "eine Chronik, die dieselbe Zeitrechnung benutzt und und die römische Republik sowie die Zeit des Prinzipats bis einschließlich Domitian um 284 Jahre in die Vergangenheit schiebt." [BEAUFORT "Epochen einiger Zeitrechnungen, die seit Diokletian benutzt wurden", 23.03.2022]
Ich bin mir jedoch nicht sicher, ob o. a. Quellen nicht vielleicht Pseudepigraphen sind, um die Herkunft der christlichen

Zeitrechnung "glaubwürdigen" Vertretern des Christentums zuzuschreiben, hier u. a. dem Kirchenvater Hieronymus.

Nach traditioneller Auffassung wurde die christliche Zeitrechnung jedoch erst von Dionysius Exiguus im 6. Jh. n. Chr. geschaffen, indem er - vereinfacht gesagt - das Jahr 248 DE zum Jahr 532 n. Chr. bestimmte. Vielleicht wollte auch die spätere römische Geschichtsschreibung die christliche Ära als römische Kreation erscheinen lassen, da Dionysius Exiguus seit 500 n. Chr. in Rom lebte.
Die christliche Ära kann demnach frühestens ab 532 n. Chr. Verwendung finden. Für nicht ausgeschlossen halte ich, dass sie sogar zeitgleich mit der AD-Zeitrechnung im 11. Jh. geschaffen wurde.

Theoretisch müsste sich die Geschichte nach dem Einschub fiktiver Zeit, d. h. ab 933 u. Z., wieder als reale Ereignisgeschichte fortsetzen, was sie m. E. aber nicht tut. An die erfundene Geschichte der Phantomzeit schließt sich ein weiterer Abschnitt erfundener Geschichte an. Das betrifft sowohl die Geschichte des Westens als auch die des Ostens.

Die byzantinische Geschichte ist nach ARNDT bis zum Jahr 1204 u. Z., der Einnahme Konstantinopels durch die Kreuzfahrer während des sog. Vierten Kreuzzugs, "wohlkonstruiert", also ein Konstrukt [ARNDT 2015, 164].

Nach der HEINSOHN-These sei die globale Naturkatastrophe in der Chronologie 3-fach enthalten - um 230, um 520, und um 930.
Das sehe ich nicht ganz so. Bei der Rekonstruktion der antiken Datierungen nach BEAUFORT gibt es keine Katastrophe im 3. Jh. Durch die Lücke zwischen 94 n. Chr. und 378 n. Chr. "verschwindet" die Katastrophe, die 238 n. Chr. (eigentlich DE) stattfand.
Die Katastrophe erscheint logisch im 6. Jh. (522 n. Chr.), wie sich aufgrund der Umrechnung von der Ära Diokletian in die christliche Zeitrechnung ergibt. Durch den Einschub von 418 fiktiven Jahren ist das Jahr 522 n. Chr. gleich dem Jahr

940 u. Z., weshalb die Katastrophe dort erscheinen müsste. Dass die Naturkatastrophe in den hochmittelalterlichen Quellen nicht explizit auftaucht, dürfte der späteren Verfertigung der Schriftquellen im Zusammenhang mit der Konstruktion der Geschichte geschuldet sein.

Anscheinend ist in der traditionellen Chronologie die Katastrophe von der Verschiebung der byzantinischen Kaiser nicht betroffen. In den Quellen erscheint sie weiter im 6. Jh., d. h. 522 n. Chr. Durch den späteren Einschub von 418 Jahren gelangt sie in das Jahr 940 u. Z.

Die AD-Zeitrechnung (= u. Z.) wurde nach meiner Ansicht frühestens im 12. Jh. angewendet (Vielleicht gibt es eine frühere Inschrift in Qal'at Sim'an. Siehe [MEISEGEIER 2023, 131]). Dazu passt das Auftauchen der mir bekannten, frühesten inschriftlichen AD-Datierungen in Deutschland im 13./14. Jh.

(Meine frühere Ansicht, dass die AD-Zeitrechnung in Konstantinopel geschaffen wurde und mit den Kreuzzügen nach Europa kam, muss ich revidieren. Die AD-Zeitrechnung entstand sicher im Bereich der römischen Kirche und wurde offenbar auch nur von dieser angewendet.)

Römische Reichskirche, Papsttum und Kirchenbau

Zum besseren Verständnis muss ich einige grundsätzliche Erkenntnisse voranstellen, die meine vorherigen Publikationen als. auch die vorliegende Arbeit bestimmt haben bzw. bestimmen.

Römische Reichskirche

Abweichend von der vorherrschenden Meinung, die Kaiser Theodosius I. als Begründer der römischen Reichskirche sieht, bin ich der Auffassung, dass erst Justinian I. das Christentum, genauer gesagt den justinianischen Katholizismus (oder auch das Kreuzchristentum), zur Reichsreligion erhoben hat. Erst Justinian I. begründete die römische Reichskirche.

Der Katholizismus war damals offenbar eine von mehreren nebeneinander existierenden, christlichen Glaubensrichtungen, die sich u. a. in der Christologie und den Trinitätsvorstellungen vom Katholizismus unterschieden.

Mit der Auswahl des Katholizismus durch Justinian I. wurden die abweichenden christlichen Glaubensrichtungen als Irrlehren eingeordnet und unter dem Sammelbegriff "Arianismus" verketzert.

„Justinian I. war es, der ein ganz besonders ausgeprägtes Verständnis der besonderen Bedeutung der Kaiserinstitution, ihrer Aufgaben und ihrer ideologischen Verankerung hatte und so die Entwicklung des Verhältnisses von Kaiser und Kirche in Byzanz wesentlich bestimmte." [WINKELMANN, 131]

Justinian I. gründete zur Organisation der von ihm gegründeten Reichskirche fünf Patriarchate, neben Konstantinopel, Alexandria, Jerusalem und Antiochia im

Oströmischen Reich auch eines auf dem Gebiet des ehemaligen Weströmischen Reichs - Rom.

Wikipedia: "Die Patriarchate waren untereinander ranggleich und standen zueinander in einer festen Ehrenordnung, deren Spitze Rom mit den Gräbern der Apostel Petrus und Paulus als Primus inter pares bildete."
[https://de.wikipedia.org/wiki/Patriarchat_(Kirche)]

Nach meiner Auffassung ist die Ranggleichheit mit dem Vorrang von Rom eine spätere Uminterpretation der römischen Kirche. Das Patriarchat Konstantinopel, wo sich die Residenz Justinians I. befand, dürfte die Oberhoheit zunächst innegehabt haben.

Das aus dem Patriarchat Rom hervorgegangene Papsttum (siehe nachfolgenden Abschnitt) lehnte die Oberhoheit Konstantinopels ab und betrachtete die byzantinische Kirche als Konkurrent. Es bekämpfte und vertrieb letztendlich die byzantinische Kirche aus ihrem Machtbereich.
Die Schwächung Konstantinopels und der Ostkirche durch die globale Naturkatastrophe von um 940 u. Z. und vielleicht auch durch äußere Feinde im Osten begünstigte die römische Kirche bei der Ausdehnung ihrer Macht, wobei die Kreuzzüge eine wichtige Rolle spielten.

Im Jahr 1054 u. Z. soll die endgültige Trennung der römischen Reichskirche in eine Ost- und eine Westkirche erfolgt sein (Großes Schisma oder Schisma von 1054), wobei ich mir nicht sicher bin, ob die in diesem Zusammenhang bekannten Ereignisse wirklich stattfanden.

Die eigentliche byzantinische Kirche ging m. E. in der Folge der Kreuzzüge unter.
Die byzantinische Kirche nach den Kreuzzügen, z. B. im Kaiserreich Nikaia, war nicht mehr die römische Reichskirche, sondern eine eigenständige orthodoxe Kirche, die natürlich ihre Tradition in der untergegangenen Reichskirche sah.

Papsttum

Die Keimzelle des Papsttums war das von Justinian gegründete Patriarchat Rom.

Vermutlich in der Nachfolge der globalen Naturkatastrophe um 940 u. Z., befreite sich die römische Kirche von der Vormundschaft Konstantinopels. Rom nahm für sich in Anspruch, die Herrschaft über die Christen im Westen und nicht nur im Westen auszuüben.

Der sogenannte Streit um den Ostertermin wurde zum Anlass genommen, die Trennung zwischen Ost- und Westkirche im Jahr 1054 u. Z. zu vollziehen.

Der Patriarch von Rom und Bischof von Rom "firmiert" seit dieser Zeit als Papst.

Der Rückzug der byzantinischen Kirche erfolgte nicht widerstandslos und war erst um 1100 u. Z. weitgehend abgeschlossen. In [MEISEGEIER 2020-2] habe ich zu diesen und anderen Kirchenbauten Näheres ausgeführt.

Meine Sicht der Entstehung des Papsttums im 11. Jh. widerspricht scheinbar der schriftlichen Überlieferung, z. B. dem *Liber Pontificalis*.

Der *Liber Pontificalis* ist eine chronologisch geordnete Sammlung von Biographien der Päpste und entstand nach traditioneller Auffassung in seiner ersten Ausgabe um 530 mit Felix III. (526-530) als letzten Papst [https://de.wikipedia.org/wiki/Liber_Pontificalis].

"Der Liber Pontificalis wurde im 6. Jahrhundert in mehreren Stufen aktualisiert und ab dem 7. Jahrhundert mehr oder weniger regelmäßig nach dem Ableben eines Papstes aktualisiert. Der ältere Text bricht im 9. Jahrhundert mit dem Pontifikat von Stephan V. (Papst) ab. Eine Neuredaktion des Buches begann im 12. Jahrhundert durch Kardinal Boso." [ebd.]

Den *Liber Pontificalis* in seiner ersten Ausgabe halte ich für eine weitgehend zuverlässige Quelle. Der o. a. Widerspruch lässt sich vielleicht auflösen. Mit der Verschiebung der Antike zuerst um 284 Jahre und dann noch einmal um 418 Jahre in die Vergangenheit (in Summe 702 Jahre - siehe Abschnitt *Die manipulierte Chronologie des 1. und beginnenden 2. Jahrtausends*) wurde auch die Auflistung der Päpste mit verschoben.

Da der *Liber Pontificalis* keine direkten Jahreszahlen aufführt, sondern nur die Päpste und die Dauer der Pontifikate, wurde der gesamte Block verschoben. Die heute bekannten Datierungen der Pontifikate in der Papstliste sind später rückgerechnet worden. Die tatsächlichen Datierungen der Pontifikate - bezogen auf unsere gültige Chronologie - erhält man, indem man jeweils 702 Jahre hinzuzählt. Damit endet die erste Ausgabe des *Liber Pontificalis* im Jahr 1232.

Es ist jedoch möglich (und wahrscheinlich), dass bei den späteren "Aktualisierungen" auch der frühe Abschnitt "überarbeitet" wurde.

ARNDT hat sich u. a. auch mit dem *Liber Pontificalis* befasst. Er kommt zu dem beachtenswerten Ergebnis, "dass die Papstliste von 685-1455 AD ganz offensichtlich aus Kopien vorangegangener Abschnitte sowie Konstruktionen besteht" [ARNDT 2015, 194]. Nach ihm scheint der Teilabschnitt 314-532 der von Fälschungen am wenigsten betroffene zu sein. Davor und danach sieht ARNDT eindeutige Indizien für eine "Konstruktion".

Die vor 314, dem Pontifikat des Papstes Silvester, in der Liste der Päpste [https://de.wikipedia.org/wiki/Liste_der_Päpste] aufgeführten "Päpste", wie Anterus (235/236) "der erste historisch eindeutig gesicherte Bischof von Rom", dürften - soweit nicht fiktiv - frühchristliche Bischöfe stadtrömischer Gemeinden gewesen sein.

Kirchenbau

Der Beginn des monumentalen Kirchenbaus wird traditionell mit der Regierungszeit von Kaiser Konstantin I. verbunden. Als markantes politisches Ereignis gilt die berühmte Mailänder

Vereinbarung von 313 (das sog. Toleranzedikt), in der durch Konstantin und Licinius „allgemeine Religionsfreiheit, namentlich für das corpus Christianorum, d. h. für die christliche Gemeinde, und die Rückgabe des ihr in der Verfolgung entzogenen Eigentums" [DEMANDT, 42] bestätigt wird.

Konstantin I. (trad. 306-337 n. Chr.) herrschte korrigiert von 22-53 n. Chr. Sein Toleranzedikt datiert in das Jahr 29 n. Chr.

Konstantin I. soll bereits 312, also zeitlich vor der Mailänder Vereinbarung, die Lateranbasilika für den Bischof von Rom gestiftet haben. 324 bis 326 folgen die Petersbasilika und die Umgangsbasilika für Marcellinus und Petrus [ebd, 42]. „Nicht nur in Rom und Konstantinopel, sondern im ganzen Reich hat der Kaiser den Kirchenbau gefördert ... Insbesondere im Heiligen Lande entstanden monumentale Kirchenbauten, so die Basilika von Mamre, sowie die Geburtskirche in Bethlehem und die Himmelfahrtskirche auf dem Ölberg ... Die Grabeskirche nahe der Schädelstätte wurde mit besonderem Aufwand errichtet und zu den Tricennalien des Kaisers am 17. September 335 eingeweiht." [ebd, 51].

Doch es regen sich Zweifel. Das so genannte Toleranzedikt kann kaum der Auslöser für den angeblich von Konstantin initiierten monumentalen Kirchenbau gewesen sein. Eine sozusagen übergangslose Errichtung solch monumentaler und repräsentativer Kulträume, für die gar kein, den riesigen Räumlichkeiten entsprechender Kult bestand, steht im Widerspruch zum damaligen Entwicklungsstand des Christentums. Ein dazu gehörender gestiegener Repräsentationsanspruch und ein entsprechend ausgestalteter Kult, aus denen solche neuen Anforderungen an die Räumlichkeiten und die Ausschmückung der Kulträume resultieren können, sind zum damaligen Zeitpunkt noch lange nicht vorhanden.

Erst mit der Erhebung des Christentums zur Reichsreligion und der Schaffung der Reichskirche entsteht das große

Repräsentationsbedürfnis, dem natürlich die Kulträume durch Monumentalität und Ausschmückung entsprechen mussten. Die Errichtung monumentaler Kirchenbauten ist für mich mit der Begründung der Reichskirche untrennbar verbunden. Vorher kannte das Christentum dieses Bedürfnis noch nicht, weshalb seine christlichen Versammlungsräume. die sog. Hauskirchen, noch recht bescheiden daherkamen.

Nach meiner Auffassung ist der Beginn des monumentalen Kirchenbaus erst mit der Begründung der Reichskirche durch Kaiser Justinian I. anzusetzen, d. h. sämtliche konventionell früher datierten Kirchenbauten sind explizit falsch datiert.

Da Kaiser Justinian nach der Rekonstruktion der Antike durch BEAUFORT von 432-470 n. Chr. regierte, ist das zweite Viertel des 5. Jh. n. Chr. als *terminus post quem* für den monumentalen Kirchenbau anzusehen.

Damit wäre der Beginn des monumentalen Kirchenbaus vor die globale Naturkatastrophe gerückt - entgegen meiner bisherigen Auffassung, dass der monumentale Kirchenbau generell nachkatastrophisch sei.

Wenn man die Anfänge des justinianischen Kirchenbaus näher besieht, sind die ersten Anlagen kaum als Kirchen im heutigen Sinn anzusprechen. In [MEISEGEIER 2023, 25ff] habe ich versucht, die Anfänge zu beschreiben. Diese ersten christlichen Kultanlagen waren anscheinend kreisförmige, offene, tempelähnliche Anlagen, noch keine Gebäude. Erst später entstanden durch die Überdachung des zentralen Raum Gebäude.
Die Hagia Sophia, die traditionell als Bau Justinians gilt, ist ein nachbyzantinischer Bau des 13./14. Jh. (siehe [MEISEGEIER 2023, 222ff]).

In einer noch späteren Entwicklungsphase des byzantinischen Kirchenbaus verkomplizierte man die Innenstruktur des Zentralraums. Ein recht anschauliches Beispiel für diese Entwicklungsphase ist San Vitale in Ravenna.

Die stadtrömischen Kirchenbauten, darunter auch die Konstantin I. zugeschrieben werden, habe ich schon in [MEISEGEIER 2017, 24ff] in das 11. Jh. u. Z. verschoben.
Die großen Kirchenbauten Roms wie die Laterankirche und Alt-St.Peter (traditionell Anfang 4. Jh.) als auch die Päpste des 4. Jh. gehören für mich in das 11. Jh.

An dieser Stelle befinde ich mich mit HEINSOHN im Dissenz, der monumentale christliche Basiliken bereits im 1. und 2. Jh. n. Chr. sieht.

Die in den vermeintlich antiken Schriftquellen zu findenden Erwähnungen von Kirchenbauten sind m. E. sämtlich Fälschungen, spätere Einträge oder Pseudepigraphen.

Bekannt ist Tertullians Äußerung, angeblich vom Anfang des 3. Jh., "daß die Versammlungsstätten der Christen als hochaufragende Bauten zu erkennen seien" [BRANDENBURG, 11].

Oder auch: "Eusebius stellte fest, dass die Christen vor dem Erlass Diokletians, der anordnete, die Kirchen "überall dem Erdboden gleichzumachen", "begonnen hatten, in allen Städten große Kirchen zu bauen "." [URBANOVICH, 8]

Die Kirchengeschichte des Eusebius von Caesarea hatte ich schon in [MEISEGEIER 2017, 26] als Pseudepigraph deklariert.
In [ebd., 19ff] hatte ich im Ergebnis der Behandlung des italienischen Kirchenbaus, die These formuliert, dass sich die Entwicklung des Kirchenbaus in Italien in zwei Phasen vollzogen hat:

Phase 1: Errichtung von Kirchenbauten unter der Bauherrnschaft Ostroms. Diese Kirchen waren keine Basiliken, sondern Zentralbauten.

Phase 2: Errichtung der Kirchenbauten durch die römische Kirche. Diese Kirchen sind ausschließlich Longitudinalbauten, also Saalkirchen oder Basiliken. Der Bautypus des Zentralbaus findet nur noch für kleinere Bauten Verwendung, wie für Baptisterien, Mausoleen u. ä..

Letzte Bauten der Phase 1 entstehen in Italien noch in der ersten Hälfte des 11. Jh. Danach sehe ich ein Aussetzen der byzantinischen Kirchenbautätigkeit, vermutlich durch die Spannungen zwischen der römischen und byzantinischen Kirche bedingt. Spätestens ab der zweiten Hälfte des 11. Jh. entstanden keine byzantinischen Neubauten mehr in Italien [MEISEGEIER 2020-2, 35f].

Bauten der Phase 2 entstanden in Italien in der Mehrzahl erst um bzw. nach 1100 u. Z.

Die damals für Italien getätigte Aussage trifft natürlich nicht nur auf Italien zu, sondern gilt anscheinend generell.

Ravenna und Theoderich in der konventionellen Geschichtsschreibung

Wie der Titel des Abschnitts bereits aussagt - zunächst nichts Neues, sondern nur der Vollständigkeit wegen, evtl. zur Erinnerung oder zum Überspringen.
Ich zitiere im Folgenden die deutsche Wikipedia:

Zunächst zu Ravenna:
"Im Jahr 88 v. Chr. erhielt die Stadt römisches Bürgerrecht. Jahrzehnte darauf, im Jahr 49 v. Chr., zog Gaius Iulius Caesar von hier zur Überschreitung des Rubikons aus, womit er den Bürgerkrieg begann. Sein Großneffe, Kaiser Augustus, machte den Militärhafen von Classe vor der Stadt zum zweitgrößten Marinestützpunkt des Römischen Reiches ...
Im Jahr 402 verlegte der weströmische Kaiser Honorius seinen Hof von Mailand nach Ravenna, da die Stadt sehr gut zu verteidigen war. Die Westgoten unter Alarich I. belagerten 408 vergeblich Ravenna. ... Nach dem Tod des (Mit-)Kaisers Constantius III. 421 in Ravenna und dem Tod des Honorius regierte dessen Halbschwester Galla Placidia zunächst für ihren minderjährigen Sohn Valentinian III. Sie ließ die Stadt prächtig ausbauen. Obwohl einige spätere Kaiser zeitweilig in Rom residierten, blieb Ravenna fortan der eindeutig bevorzugte Regierungssitz in Italien. Nach der Absetzung des weströmischen (Gegen-)Kaisers Romulus Augustus herrschte in der Stadt ab 476 der germanische *rex* Odoaker, der 493 von dem Ostgotenherrscher Theoderich nach der Niederlage in der „Rabenschlacht" eigenhändig getötet wurde. Die Ostgoten unter Theoderich, der seit 493 in Ravenna residierte, errichteten in Italien ein Reich, das bis zur endgültigen Niederlage gegen Ostrom (552) Bestand hatte. Bis 535 herrschten sie nominell als Stellvertreter des Kaisers in Konstantinopel. Die Hauptstadt Ravenna erlebte unter ihnen erneut eine kulturelle und wirtschaftliche Blütezeit. ...
Theoderich starb kurz darauf am 30. August in Ravenna. Sein dortiges Grabmal ist heute leer; ob ein Sarkophag mit den

sterblichen Überresten Theoderichs dort je gestanden hat, ist umstritten.
535 begannen die oströmischen Truppen mit der Rückeroberung Italiens. Im Mai 540 fiel das von dem Heermeister Belisar im Auftrag des Kaisers Justinian I. belagerte Ravenna ... Nun erlangte Ravenna als Vorposten des Oströmischen Reiches in Italien erneut Bedeutung, die Stadt wurde bald nach dem Einfall der Langobarden (568) Hauptstadt des Exarchats von Ravenna. ...
751 eroberte der Langobardenkönig Aistulf Stadt und Exarchat, womit das Exarchat von Ravenna endete. Im Vertrag von Quierzy (754) soll Pippin der Jüngere versprochen haben, das ehemals byzantinische Exarchat von Ravenna dem Heiligen Stuhl zu übergeben (Pippinische Schenkung) ..."
[https://de.wikipedia.org/wiki/Ravenna]

Und nachfolgend zu Theoderich:
"Theóderich der Große (lateinisch Flavius Theodericus; * 451/56 in Pannonien; † 30. August 526 in Ravenna) war ein König des Ostgotenreichs aus dem Geschlecht der Amaler.
Seine Rechtsstellung, ob er im Namen des oströmischen Kaisers über das Weströmische Reich herrschte oder als Herrscher nur über die Ostgoten anzusehen ist, ist umstritten.
Theoderich gilt als Gründer des Ostgotenreichs Italien im Jahr 493 ...
Über Theoderichs Jugendzeit liegen kaum zuverlässige Informationen vor, auch das Geburtsjahr wird in der Forschung unterschiedlich angesetzt (zwischen 451 und 456).
Sein Vater war Thiudimir, ein Anführer gotischer *foederati*. Theoderich war in seiner Jugend Geisel am Hof des oströmischen Kaisers Leo I. in Konstantinopel (wohl von ca. 459 bis 469) ... Er kehrte etwa 469 nach Pannonien zurück und übernahm die Führung einer der dort operierenden gotischen Kriegergruppen. Nachdem er wohl schon 471 als Heerkönig erhoben wurde, folgte er 474 seinem Vater Thiudimir als *rex* des Gotenverbandes nach, der sein Föderatenreich von Pannonien nach Makedonien verlegt hatte. 476 verlegte Theoderich den Sitz der gotischen *foederati* wieder an die Donau und diente später in der

kaiserlichen oströmischen Armee als hoher Offizier auf dem Balkan. Theoderich wurde 481, nach dem Tod seines Konkurrenten und möglicherweise Verwandten Theoderich Strabo, dessen Gefolgschaft nun zu ihm überging, vom Kaiser zum *magister militum* ernannt und bekleidete 484 auch das Konsulat – eine der höchsten Würden im Römischen Reich. ... Ende 488 wurde Theoderich dann von Zenon als *magister militum* bestätigt, zum *patricius* ernannt und mit einem Feldzug gegen Odoaker in Italien beauftragt. Ob Theoderich aus eigenem Entschluss oder auf Druck des Kaisers nach Italien ging, ist in der Forschung umstritten, doch war das Bündnis (*foedus*) für beide Seiten von Vorteil: Theoderich konnte ein eigenes Reich gewinnen (wenngleich Zenon Theoderich formal nur als seinen Stellvertreter entsandte), während Zenon den unbequemen Heerführer loswurde, dessen Goten in gefährlicher Nähe zu Konstantinopel agierten, und zugleich den rebellischen Odoaker bekämpfen konnte. Theoderich zog im Jahre 489 mit ca. 20.000 Kriegern und deren Familien nach Italien. So kamen zu den etwa 20.000 überwiegend gotischen *foederati* noch ca. 80.000 weitere Personen hinzu, so dass von einem Gesamttross von etwa 100.000 Menschen ausgegangen werden kann. ... Nach zunächst wechselhaftem Kriegsverlauf konnte Theoderich im Sommer 490 zunächst bei Verona und anschließend nochmals am Fluss Adda zwei entscheidende Siege erringen und kontrollierte 491, als Zenon starb, den Großteil Italiens. ... Er belagerte anschließend zwei Jahre lang das als uneinnehmbar geltende Ravenna, konnte die Residenzstadt aber auch nach der *Rabenschlacht* 493 nicht erobern und stimmte daher einer Verständigung mit Odoaker zu. Nur wenige Tage später ließ er seinen Kontrahenten aus machtpolitischen Gründen (und weniger aus Rache für die Ermordung der rugischen Königsfamilie, wie Theoderich später behauptete) bei einem Festmahl samt dessen im Saal anwesender Gefolgschaft töten. Dabei soll Theoderich Odoaker eigenhändig erschlagen haben. ...
In der Forschung ist umstritten, auf welcher Grundlage Theoderich fortan herrschte. Er nahm aber nach der Ermordung Odoakers eine Stellung ein, die ihn in Italien faktisch so gut wie unabhängig machte. Dennoch betonte er

seine untergeordnete Stellung zum Herrscher in Konstantinopel, da er die Sicherung seiner Macht durch Vermeidung von Konflikten anstrebte. Diese Strategie führte er selbst nach der Anerkennung durch Kaiser Anastasius 497/498 weiter. Von dem Zeitpunkt an war Theoderich nun nicht nur der Anführer seiner gotischen Krieger, sondern zugleich auch das Haupt der weströmischen Regierung. Er galt den Römern als vom Kaiser eingesetzter Verwalter Italiens, während er zugleich *rex* bzw. König der Ostgoten blieb; seine offizielle Selbstbezeichnung war *Flavius Theodericus rex*. Der ihm von Zenon verliehene Rang eines *patricius* markierte in Verbindung mit der Position als *magister militum* in Westrom (nicht aber im Osten) zudem seit Jahrzehnten den faktischen Regierungschef, und die von Theoderich geführten gotischen Krieger standen aus kaiserlicher Sicht als *foederati* in römischen Diensten. Zugleich übersandte Anastasius Theoderich die *ornamenta palatii*, also die Insignien des westlichen Kaisertums, die Odoaker 476 nach Konstantinopel geschickt hatte: ...

Die Ansiedlung der Goten in Italien erreichte Theoderich ohne eine größere Konfrontation mit den Italikern. Der Widerstand war sogar so gering, dass manche Forscher – wie etwa der US-amerikanische Mediävist Walter A. Goffart – davon ausgehen, dass es keine Enteignungen der Römer gegeben habe, sondern dass die Goten nur brachliegendes Land sowie einen Anteil an den Steuern erhalten hätten. Trifft dies zu, so wäre damit eine Erklärung für die weitgehend friedliche Koexistenz zwischen der noch immer reichen italischen Senatsaristokratie und den ostgotischen *foederati* gefunden – wobei diese These nicht unumstritten und die diesbezügliche Diskussion noch nicht abgeschlossen ist. Vielleicht erhielten die Goten auch einfach herrenloses Land, das zuvor Odoakers Anhängern gehört hatte. In jedem Fall lässt sich festhalten, dass der *patricius* Liberius, der im Auftrag des Goten als Prätorianerpräfekt die Ansiedlung bzw. Unterbringung der germanischen Krieger vornahm, diese Aufgabe in sehr kurzer Zeit erfüllte und vielfach für sein Vorgehen gelobt wurde – gerade von Seiten der römischen Grundbesitzer. Womöglich nahmen Theoderichs Krieger auch einfach die Stelle ein, die zuvor die Männer Odoakers besetzt hatten, die ihrerseits 476 das reguläre weströmische Heer (*exercitus Romanus*) beerbt hatten, sodass sich keine wesentliche Veränderung ergab. ...

Er ließ zahlreiche Bauten errichten bzw. erneuern; zu erwähnen ist besonders die weitere Ausgestaltung Ravennas. Auch in Rom wurden noch einmal umfangreiche Erneuerungen an den antiken Bauwerken vorgenommen. ...

Die spätantike Kultur in Italien, die auch unter Odoaker keinen Einbruch erlebt hatte, blühte auch unter der Gotenherrschaft weiter. ...

Hartnäckigster Konkurrent war bis zu dessen Tod der Merowinger Chlodwig I., der Theoderichs Bündnispolitik, die auf die Einbindung der germanischen Reiche abzielte ..., nach Kräften bekämpfte und sich um 507 wohl mit Anastasius gegen die West- und Ostgoten verbündet hatte. Daran änderte auch der Umstand nichts, dass Theoderich im Rahmen seiner gegen Ostrom gerichteten Heirats- und Bündnispolitik 493 die Merowingerin Audofleda – Tochter Childerichs I. und Schwester Chlodwigs – geheiratet hatte.

Nachdem Chlodwig 496/506 die Alamannen besiegt hatte, stellte sich ein Teil der Alamannen im Süden, in Rätien, unter den Schutz Theoderichs. ...

Theoderichs „Außenpolitik" war anfangs zwar sehr erfolgreich und sicherte die Grenzen seines italischen Reiches, doch hatte sie letztendlich keinen Erfolg: Als Chlodwig den Westgotenkönig Alarich II. 507 besiegte und tötete, griff Theoderich erst nach einigem Zögern (er war auf dem Balkan gebunden, wo es damals zu Kämpfen mit Ostrom kam) ein; der gallische Teil des Westgotenreichs fiel größtenteils an die Franken. Nach einem innergotischen Krieg (bis 511) wurde er als Vormund des noch unmündigen neuen *rex* der Westgoten (seines Enkels Amalarich) auch deren Herrscher. ...

Wie bereits beschrieben, erlebte die römische Kultur der Spätantike unter Theoderich eine bemerkenswerte Nachblüte, und mehrere Forscher zählen die ostgotische Zeit Italiens aufgrund zahlreicher Kontinuitäten noch zur weströmischen Geschichte. Der gute Eindruck wurde in den letzten Regierungsjahren Theoderichs allerdings getrübt. Hintergrund der Ereignisse waren Parteikämpfe am Hof von Ravenna zwischen der pro-(ost)römischen und der antikaiserlichen Fraktion sowie zwischen verschiedenen Gruppierungen innerhalb des Senats. ...

Der Tod Theoderichs 526 leitete das Ende der ostgotischen Herrschaft über Italien ein, da es bald zu Thronstreitigkeiten kam. Theoderichs Nachfolger wurde sein unmündiger Enkel Athalarich, der schon 534 starb und für den ohnehin dessen Mutter Amalasuntha, eine Tochter Theoderichs (eine weitere Tochter namens Thiudigotho, auf gotisch vermutlich Thiudaguto, war um 494 mit dem Westgotenkönig Alarich II. verheiratet worden), die Regierungsgeschäfte geführt hatte." [https://de.wikipedia.org/wiki/Theoderich_der_Große]

Theodosius und Theoderich

Zwangsläufig muss ich mich mit der Geschichte des ausgehenden 4. Jh. und des 5. Jh. in Italien etwas näher befassen.

Mein Versuch einer Rekonstruktion der Geschichte kann jedoch nur ein gedankliches Szenario sein. Ich gehe davon aus, dass in der traditionellen Chronologie die reale Ereignisgeschichte im Kern enthalten ist, jedoch z. T. verdreht, umgedeutet, durch freie Erfindungen ergänzt oder ersetzt, etc.

Wie im Abschnitt *Die manipulierte Chronologie des 1. Jtsd.* bereits erwähnt, sieht BEAUFORT das Ende der Antike mit der Schlacht von Adrianopel 94/378 n. Chr.

Die traditionelle Geschichtsschreibung misst der Schlacht von Adrianopel dagegen eine geringere Wirkung bei.

"In der neueren Forschung werden die langfristigen Folgen der Schlacht teils stark relativiert, da das *Imperium Romanum* trotz der vor allem militärisch zunächst äußerst problematischen Lage weiterhin handlungsfähig geblieben sei. Überdies wird insbesondere darauf hingewiesen, dass es problematisch sei, eine kausale Verbindung zwischen der Niederlage einer *ost*römischen Armee und dem Untergang des *west*römischen Kaisertums knapp 100 Jahre später zu konstruieren. Der Umstand, dass die oströmische Armee in den 16 Jahren nach der Schlacht in der Lage war, gleich zwei blutige Bürgerkriege gegen Westrom zu gewinnen (wobei die Visigoten – die terwingischen *foederati* – dem Ostkaiser gute Dienste leisteten), legt in der Tat nahe, dass man die langfristigen Folgen der Schlacht häufig überbewertet." [https://de.wikipedia.org/wiki/Schlacht_von_Adrianopel_(378)]

Ist diese Bewertung richtig? Sie fußt zweifellos auf der traditionellen, konstruierten Geschichtsdarstellung.

Immerhin wurde in dieser Schlacht das byzantinische Heer von den terwingischen Goten vernichtend geschlagen. Zum anderen fiel in dieser Schlacht Kaiser Valens, womit der Kaiserthron in Konstantinopel vakant wurde. Und das unmittelbar vor der Haustür. Adrianopel (das heutige Edirne) liegt nur ca. 215 km nordwestlich von Konstantinopel.

Kaiser Theodosius?

"Nach dieser Katastrophe rief der Westkaiser Gratian, der sich außerstande sah, selbst in den Osten zu eilen, Theodosius aus Hispanien zurück. Die Gründe für diese Entscheidung sind in der Forschung umstritten. Am wahrscheinlichsten dürfte aber sein, dass Gratian schlicht einen fähigen General benötigte; sein Mitkaiser Valentinian II. war noch ein Kind. In Sirmium ernannte Gratian Theodosius zunächst zum Heermeister über Illyrien. Theodosius konnte rasch einige Erfolge verbuchen, so in Pannonien, wo er die Sarmaten schlug, die erneut die Donau überquert hatten. Nach Ansicht einiger Forscher ließ er sich bereits jetzt selbst eigenmächtig zum Kaiser ausrufen und war demnach formal ein Usurpator; die genauen Vorgänge jener Wochen sind aber kaum zu rekonstruieren." [https://de.wikipedia.org/wiki/Theodosius_I.]

Gratian (trad. 375-383 n. Chr.), der für die transalpinen Provinzen zuständige Grenzkaiser, der in Trier und Vienne residierte, soll Theodosius aus Hispanien in den Osten geschickt haben und dann sogar zum Grenzkaiser des Ostens erhoben haben? Ganz sicher nicht. Gratian war überhaupt nicht zuständig und wurde sicher nicht gefragt (von wem auch?), ebenso nicht der minderjährige Valentinian II. (*371, trad. 375-392 n. Chr.), der offenbar der für Italien, Teile von Illyrien und *Africa* zuständige Kaiser war und der in Mailand residierte.

Die Vorgänge um die Thronbesteigung von Theodosius I. sind wahrlich sehr dubios. Auf der einen Seite eine verlorene Schlacht und ein toter Kaiser ganz im Osten und andererseits ein Westkaiser, der einen Heermeister ganz im Westen heranbeordert, der das Problem im Osten klären soll, der sich dann aber zum Kaiser ausrufen lässt. Ich halte diese Konstellation für ein Konstrukt.

Es gilt also, die Geschichte Italiens von der Schlacht von Adrianopel 94/378 n. Chr. bis 456/457 n. Chr., das sind 78 bzw. 79 Jahre, ein Stück weit zu erhellen.

In Frage zu stellen ist in diesem Zusammenhang, ob die Schlacht im fernen Adrianopel für Italien überhaupt diese Bedeutung hatte.

Traditionell kam nach dieser Schlacht, im Jahr 379 n. Chr. Theodosius I. auf den Kaiserthron in Konstantinopel. Er folgte angeblich dem in der Schlacht von Adrianopel getöteten Valens auf den Thron des Ostkaisers. Wie im Abschnitt *Die manipulierte Chronologie des 1. Jtsd.* bereits herausgearbeitet, war es nicht Theodosius I. sondern Zeno der die Nachfolge von Valens antrat.

Die Kaiser Theodosius I. bis Leo II. sind aus der oströmischen Chronologie zu streichen, d. h. aber offenbar nicht, dass Theodosius I. fiktiv ist. Theodosius I. soll auch im Westen agiert haben.

Die traditionellen Aktivitäten von Theodosius I. in Italien sind sehr widersprüchlich.

Im Jahr 388 n. Chr. soll Theodosius I. mit einem Heer nach Italien aufgebrochen sein, um gegen Magnus Maximus vorzugehen, der 383 n. Chr. Gratian in der Herrschaft als Usurpator abgelöst hatte und sich 387 n. Chr. angeblich anschickte, auch Valentinian II. abzulösen und damit auch die Herrschaft über die zentralen Provinzen zu erlangen.

Traditionell zog Theodosius 389 n. Chr., nach dem Sieg über Magnus Maximus, triumphal in Rom ein.

Mit Theodosius I. soll eine neue Dynastie begonnen haben, die theodosianische, der neben den Ostkaisern Theodosius I., Arcadius, Theodosius II. und Markian angeblich auch die Kaiser im Westen Honorius und Valentinian III. angehörten.

Nach dem Tod von Valentinian II. 392 soll der *magister militum per Gallias* Arbogast den Hofbeamten Eugenius zum Kaiser ausgerufen haben.

"Theodosius erhob nun neben Arcadius, seit 383 *Augustus*, seinen jüngeren Sohn Honorius am 23. Januar 393 ebenfalls zum Mitkaiser, und zwar für den Westen. Damit war eine friedliche Einigung mit Eugenius und Arbogast unmöglich geworden. Bald darauf marschierte Theodosius, der den Feldzug sorgfältig vorbereitet hatte, mit einem starken Heer von angeblich etwa 100.000 Mann, zu dem auch gotische Hilfstruppen gehörten, in den Westen ein. An seiner Seite war auch Stilicho, der immer mehr zu einem wichtigen Vertrauten des Kaisers geworden war. Am 5./6. September 394 besiegte man Eugenius und Arbogast in der höchst blutigen Schlacht am *Fluvius frigidus* im Vipava-Tal im heutigen Grenzgebiet zwischen Italien und Slowenien."
[https://de.wikipedia.org/wiki/Theodosius_I.]

Theodosius besiegte Arbogast und Eugenius 394 in der Schlacht am Frigidus mit einem Heer, "zu dem auch ein großes Kontingent westgotischer foederati (unter Alarich?) gehörte" [https://de.wikipedia.org/wiki/Stilicho].

Theodosius soll in Mailand residiert und 395 n. Chr. dort gestorben sein. Sein Leichnam soll nach Konstantinopel überführt worden sein, wo er angeblich in der Apostelkirche beigesetzt wurde.
Nach seinem Tod soll der elfjährige Honorius, den er 393 n. Chr. zum Mitkaiser für den Westen erhoben hatte, die Kaisernachfolge im Westen angetreten haben. Ihm soll Stilicho, der während der Schlacht am Frigidus zu Theodosius gehörte, als Vormund und Reichsverweser an die Seite gestellt worden sein.

Soweit die traditionelle Darstellung.

BEAUFORT sieht Theodosius I. als letzten stadtrömischen Kaiser. Vor ihm sollen Gratian (375-383 n. Chr.) und Valentinian II. (375-392 n. Chr.) diesen Thron eingenommen haben. Davor hatte Domitian (81-96 n. Chr.) diesen Thron inne, der sich aber 96 n. Chr. (= 380 n. Chr.?) das Leben genommen haben soll.

Entgegen BEAUFORT sehe ich Gratian nicht als Romkaiser, sondern als Grenzkaiser, der von 375-383 n. Chr. nur in den transalpinen Provinzen herrschte.

Auch dass Theodosius diesen Thron eingenommen hat, möchte ich infrage stellen.

HEINSOHN und BEAUFORT gehen von einer Identität der Personen Theodosius und Theoderich aus. Für BEAUFORT ist Theodosius der byzantinisch-römische Name des Goten Theoderich. Theodosius war danach also Gote und die Herrschaft der theodosianische Dynastie die Gotenherrschaft.

Vielleicht sind aus Theodosius' Biografie einige hilfreiche Informationen erhältlich.

"Flavius Theodosius wurde am 11. Januar 347 in Cauca, dem heutigen Coca, geboren, einer Kleinstadt in der nordwestlichen hispanischen Provinz Gallaecia. Sein Vater, der ebenfalls Flavius Theodosius hieß und unter Kaiser Valentinian I. ein erfolgreicher Heerführer war, besaß hier größere Besitzungen. ... Theodosius hatte einen Bruder, Honorius, dessen Tochter Serena er später adoptierte. Diese erreichte durch die Heirat mit dem Heermeister Stilicho noch großen Einfluss." [https://de.wikipedia.org/wiki/Theodosius_I.]

"Vermutlich durch den Einfluss des Vaters wurde Theodosius zum *dux Moesiae superioris* (später *dux Moesiae primae*) befördert, womit ihm eine eigene Militärprovinz auf dem Balkan unterstand. ... Im Jahr 373 wurde der Vater schließlich zur Unterwerfung des Usurpators Firmus nach *Africa* abberufen, während sein Sohn 374 die Sarmaten, welche die Donau überschritten hatten, in Pannonien (etwa dem heutigen Ungarn) schlug. ... Ende 375 starb Valentinian I., und 376 beendete Theodosius plötzlich seine militärische Karriere und zog sich auf seine heimatlichen Besitzungen nach Hispanien zurück." [ebd.]

Die traditionelle Vita von Theodosius gibt keinen Hinweis auf eine mögliche gotische Herkunft. Theodosius war - wie sein Vater auch - durchgängig im Westen unterwegs. Ihre Dienstherren Valentinian I. (364-375 n. Chr.) und Gratian (375-383 n. Chr.) waren Grenzkaiser über die transalpinen Provinzen, zu denen sowohl Hispanien als auch Pannonien gehörte. Valentinian I. war vermutlich gleichzeitig auch Kaiser über die zentralen Provinzen, weshalb die Provinz *Africa* in seine Verantwortung fiel. Valentinian I. soll in Mailand, dann in Paris und vor allem in Trier residiert haben.

Offenbar residierten die Kaiser, die über die zentralen Provinzen herrschten, nicht in Rom sondern generell in Mailand - wenigstens solange noch ein stadtrömischer Kaiser existierte. Valentinians Herrschaft (abzgl. der 284 fiktiven Jahren = 80-91 n. Chr.) überschneidet sich mit den stadtrömischen Kaisern Titus (79-81 n. Chr.) und Domitian (81-96 n. Chr.).

Merkwürdig ist, dass Theodosius seine militärische Karriere 376 n. Chr. beendet haben soll - zwei Jahre vor Adrianopel - und er ein Jahr danach 379 n. Chr. plötzlich wieder auftaucht, jetzt in Konstantinopel. Hier stimmt etwas nicht in der traditionellen Geschichte.

378/379 n. Chr. herrschte in Italien Valentinian II. Als er auf den Kaiserthron kam - nach dem Tod seines Vaters 375 n. Chr. - war Valentinian II. erst vier Jahre alt. Sein Halbbruder Gratian, seit 375 n. Chr. Grenzkaiser über die transalpinen Provinzen, soll die Vormundschaft besessen haben. Darüber hinaus stand er unter dem Einfluss seiner Mutter Justina (†388).

Als Maximus 387 n. Chr. auf Mailand zumarschierte, sollen Valentinian und seine Mutter nach Thessalonike zu Theodosius geflüchtet sein.

"388 zog Theodosius schließlich doch gegen Magnus Maximus in den Krieg. Dieser war in einen Konflikt mit Valentinians Beratern geraten und in Italien eingefallen, so dass Valentinian II. zu Theodosius fliehen musste." [https://de.wikipedia.org/wiki/Theodosius_I.]

"Theodosius I. ... zog im Frühjahr 388 mit einem starken, von Ricomer angeführten Heer nach Pannonien. Nach einem ersten Gefecht in der Tiefebene der Save bei Siscia (heute Sisak, Kroatien) kam es bei Poetovio (heute Ptuj) zur Entscheidungsschlacht, in der Maximus und sein Heermeister *Andragathius*, obwohl zahlenmäßig überlegen, den Truppen des Theodosius unterlagen. Wenig später wurde Maximus bei Aquileia gefangen genommen und hingerichtet.
Mit dem Sieg hatte Theodosius *de facto* die gesamte Leitung des Reiches in seinen Händen. Dennoch setzte er den jungen Valentinian II. wieder im Westen ein."
[https://de.wikipedia.org/wiki/Schlacht_bei_Poetovio]

Wieso zog Theodosius nach Pannonien, um Maximus entgegenzutreten?

"387 zog er schließlich über die Alpen auf Mailand zu, um auch Italien und das Illyricum seinem Machtbereich hinzuzufügen."
[https://de.wikipedia.org/wiki/Magnus_Maximus]

Wie kam Maximus über die Alpen nach Pannonien? Sollte er "nur" einen Umweg genommen haben?

"Mit dem Sieg über Maximus hatte Theodosius de facto die gesamte Leitung des Reiches in seinen Händen. Dennoch

setzte er den jungen Valentinian II. wieder im Westen ein. Ihm zur Seite stellte Theodosius den fähigen, aber auch ehrgeizigen fränkischen General Arbogast, der Jahre zuvor von Gratian zur Unterstützung des Theodosius in den Osten gegangen war. Wahrscheinlich sollte Arbogast Valentinian in Theodosius' Auftrag kontrollieren. Am 13. Juni 389 hielt schließlich Theodosius einen triumphalen Einzug in Rom, wo er bemüht war, sich mit den stadtrömisch-senatorischen Kreisen ... zu verständigen ..."
[https://de.wikipedia.org/wiki/Theodosius_I.]

"Valentinian selbst residierte seit 389 in Trier und Vienne, doch gelang es ihm auch jetzt nicht, eine selbstständige Regierungstätigkeit auszuüben, obwohl er nun formal der *senior Augustus*, der dienstälteste Kaiser, war. Das war vor allem der mächtigen Stellung des fränkischen Heermeisters Arbogast geschuldet, der faktisch den Westen regierte, wohl gedeckt von Theodosius."
[https://de.wikipedia.org/wiki/Valentinian_II.]

"Am 15. Mai 392 wurde Valentinian II. erhängt in seinem Palast in Vienne aufgefunden. Es ist unklar, ob er von Arbogast ermordet wurde oder aufgrund seiner faktischen Machtlosigkeit durch Suizid starb (was nach Ansicht der meisten Forscher wahrscheinlicher ist)."
[https://de.wikipedia.org/wiki/Theodosius_I.]

Wieso residierte Valentinian II. ab 389 n. Chr. in Trier und Vienne, obwohl er eigentlich Grenzkaiser der zentralen Provinzen war? Was war passiert?

Ich versuche ein plausibles Szenario daraus abzuleiten:

Anscheinend wurde Valentinian II. als Grenzkaiser über die zentralen Provinzen abgesetzt.

Es liegt nahe, dass Theodosius irgendwie für die Absetzung Valentinians II. verantwortlich war.

40

374 n. Chr. befand sich Thecdosius in Pannonien, wo er die Sarmaten besiegte. Da Pannonien zu den transalpinen Provinzen zählte, dürfte er dort im Auftrag von Gratian gehandelt haben.

In Italien taucht er erst 388 n. Chr. auf als er gegen Maximus zieht. Er soll "im Frühjahr 388 mit einem starken, von Ricomer angeführten Heer nach Pannonien" gezogen sein.
Wieso zieht er nach Pannonien, wenn er sich Maximus entgegenstellen will. Letzterer residierte in Trier.
Ich vermute, dass Theodosius sich seit 374 n. Chr. ohne Unterbrechung in Pannonien bzw. in Moesia aufhielt.

Als Gratian von Maximus abgesetzt und ermordet wurde, erhob Theodosius seinen ältesten Sohn Arcadius zum Augustus und setzte ihn als Nachfolger auf dem Thron des Grenzkaisers über die transalpinen Provinzen ein.
Auf eine direkte Auseinandersetzung mit Maximus und eine endgültige Klärung der Machtverhältnisse verzichtete Theodosius zunächst, so dass Maximus und Arcadius seit 383 n. Chr. - zumindest nominell - gleichzeitig die Herrschaft innehatten. Möglicherweise war die persönliche Bekanntschaft mit Maximus, der unter seinem Vater als Heermeister Dienst tat, der Grund für die Zurückhaltung - vielleicht auch die damals noch nicht vorhandene militärische Stärke.
Offenbar war die Ernennung von Arcadius zum Kaiser mit keiner tatsächlichen Machtausübung verbunden. Tatsächlich hatte Theodosius weiterhin das Sagen.

"Sein Vater ... hatte ihn bereits im Januar 383 zum *Augustus* erheben lassen, gab ihm jedoch faktisch keinen Spielraum."
[https://de.wikipedia.org/wiki/Arcadius]

Im Jahr 388 n. Chr. starb die Mutter Valentinians II., die für ihren Sohn die Regentschaft ausübte. Valentinian war erst 17 Jahre alt.
Ich denke, dass das der Anlass für Theodosius war, auch den Mailänder Thron zu usurpieren. Nicht Maximus war es, der die Initiative ergriff, sondern Theodosius. Inzwischen hatte sich

Theodosius militärisch so aufgerüstet, dass er einem Kampf mit Maximus nicht fürchten musste.

Seine Funktion als *dux Moesiae superioris*, später *dux Moesiae primae* hatte ihn in die Nähe der Goten gebracht, die in der Schlacht in Adrianopel 378 n. Chr. gegen Valens siegten.

"Am 3. Oktober 382 schloss der Heermeister Flavius Saturninus im Auftrag des Kaisers mit den Goten offenbar einen Vertrag ab, in dessen Zusammenhang sie zu so genannten *Foederati* erhoben wurden. Sie durften nun südlich der unteren Donau siedeln, mussten aber Rom Waffenhilfe leisten." [https://de.wikipedia.org/wiki/Theodosius_I.]

Auch wenn der Vertrag aufgrund der schlechten Quellenlage umstritten ist, ist er ein Indiz für den Zusammenschluss von Theodosius und den Goten.

Nicht erst 393 n. Chr., sondern bereits 388 n. Chr. zog Theodosius "mit einem starken Heer von angeblich etwa 100.000 Mann, zu dem auch gotische Hilfstruppen gehörten" in Richtung Mailand um Valentinian II. zu stürzen.

Nunmehr sah sich Maximus gezwungen, gegen Theodosius vorzugehen.

Im heutigen Slowenien kam es zur Entscheidungsschlacht, in der Maximus unterlag.

Somit stand Theodosius mit seinen Goten niemand mehr im Weg. Valentinian II. blieb nur die Flucht. Er floh nach Vienne, der alten Residenzstadt der transalpinen Kaiser, wo er offenbar auch keine Unterstützung fand. Er soll sich 392 n. Chr. das Leben genommen haben.

Auch wenn Theodosius selbst nicht den Kaiserthron in Mailand usurpierte, war er ab 389 n. Chr. der unumschränkte Herrscher in Italien. Mit seinem triumphalen Einzug in Rom 389 n. Chr. demonstrierte er seine Macht. Einen

stadtrömischen Kaiser, der ihm Konkurrenz machen könnte, gab es seit dem Freitod von Domitian nicht mehr.
Seine Macht beruhte vermutlich auf der militärischen Stärke seiner gotischen Truppen. Die mit Theodosius nach Italien gezogenen Goten ließen sich in Norditalien nieder. Ich denke nicht, dass die Goten offiziell den Status *foederati* besaßen oder erhielten.

Dass Valentinian und seine Mutter zu Theodosius nach Thessalonike geflohen seien, ist zweifelsfrei ein Konstrukt.

Nach Valentinians II. Tod wurde der Hofbeamte Eugenius durch den *magister militum per Gallias* Arbogast zum Kaiser ausgerufen, der auch teilweise Unterstützung im Senat besaß. Theodosius besiegte Arbogast und Eugenius in der Schlacht am Frigidus 394 n. Chr. und beendete damit den Versuch, die Einsetzung seines Sohnes Honorius zu verhindern.

Theodosius hatte bereits 393 n. Chr. seinen Sohn Honorius zum Nachfolger auf dem Thron des Grenzkaisers über die zentralen Provinzen ernannt.

Theodosius starb 395 n. Chr. in Mailand. Für den erst 11jährigen Honorius bestimmte er seinen Heermeister Stilicho als Vormund.

Italien nach dem Tod des Theodosius

Honorius residierte zunächst weiter in Mailand, d. h. inmitten des von den Goten weitgehend beherrschten Gebiets.
Da es seit dem Tod Domitians keinen stadtrömischen Kaiser mehr gab, sah Honorius keinen Grund, warum er nicht seine Residenz nach Rom verlagern sollte.
Einzig der Widerstand aus den Reihen des Senats war ein Hinderungsgrund.

Ich bin mir nicht sicher, ob es die Plünderung Roms durch Alarich im Jahr 410 n. Chr. wirklich gab, wenn ja, könnte

dieser Vorgang dem Brechen des stadtrömischen Widerstands gegen Honorius' Kaisertum gegolten haben.
So könnte Alarich Rom auf die Ankunft des Honorius "vorbereitet" und jeden noch bestehenden Widerstand ausgeräumt haben.

"Die zahlreichen Kirchen und die Menschen, die sich darin aufhielten, wurden von den Kriegern geschont. Der Quellenwert der Anekdoten, mit denen verschiedene spätantike Autoren zeigen wollten, dass Alarichs Goten vergleichsweise gesittet plünderten, ist aber nach Ansicht mancher Forscher begrenzt."
[https://de.wikipedia.org/wiki/Plünderung_Roms_(410)]

Nur ein Indiz für eine Fälschung: 410 n. Chr. gab es noch keine Kirchen, die verschont geblieben sein können.
Ich kann mir vorstellen, dass die antiken Quellen, z. B. die Briefe des Kirchenvaters Hieronymus oder die Ausführungen von Augustinus sowie anderer "Autoren", die über das Ereignis berichten, sämtlich spätere Pseudepigraphen darstellen.

Honorius verlagerte seine Residenz nach Rom; nicht nach Ravenna wie uns die traditionelle Geschichtsschreibung weismachen will. Er wurde nach seinem Tod auch in Rom begraben. Ob der Tod seines Bruders Arcadius 408 n. Chr. in diesem Zusammenhang eine Rolle gespielt hat, kann nur vermutet werden. Nach Arcadius' Tod war Honorius schließlich der einzige verbliebene Westkaiser.

Das Datum des Umzugs 408 n. Chr. oder das der Plünderung durch den (späteren) Westgotenkönig Alarich 410 n. Chr. wurde vermutlich zur Verschleierung des Anlasses "korrigiert". (Entweder wurde der Umzug vorgezogen oder die Plünderung nach hinten geschoben.)

Übrigens fand Honorius in der westlichen Rotunde, die sich einst südlich des Querhauses von Alt-St. Peter befand, seine letzte Ruhestätte. (Alt-St. Peter existierte damals noch nicht.

Alt-St. Peter wurde nachträglich an das bestehende Mausoleum angebaut.)

"Die westliche Rotunde diente schon im frühen 5. Jahrhundert als Mausoleum der weströmischen Kaiserdynastie und dürfte auch zu diesem Zweck errichtet worden sein. Im Januar 1544 wurde bei Fundamentierungsarbeiten im Bereich der Südtribuna von Neu-St. Peter der Sarkophag der Maria, der Tochter des römischen Heermeisters Stilicho und ersten Gattin des Kaisers Honorius entdeckt, die vor 408 verstorben war. 423 fand auch der Kaiser selbst hier seine letzte Ruhestätte. Gesichert ist ferner die Überführung des Theodosius, des 414 im Kleinkindalter verstorbenen Sohnes der Galla Placidia, im Jahre 450." [NIEBAUM, 103]

Dass Honorius in Rom und nicht in Ravenna die Stadtmauern ausgebaut hat, ist zumindest ein weiteres Indiz für seine Herrschaft in Rom und nicht in Ravenna.

"Es fehlen urkundliche Belege dafür, dass Honorius den Ring um Ravenna auch nach der förmlichen Verlegung des kaiserlichen Hofes hierher ausgebaut hat. Stattdessen erfahren wir von Honorius' Dichterfürsten Claudian, dass der Kaiser tatsächlich für die umfangreiche Renovierung und Umgestaltung der aurelianischen Mauern der alten Hauptstadt Rom (401-3 n. Chr.) sorgte, ein Bauprogramm, das sowohl epigraphisch als auch archäologisch gut bezeugt ist." [CHRISTIE/GIBSON, 192]

Arcadius hat anscheinend noch bis zu seinem Tod 408 n. Chr. geherrscht. Nach ihm dürfte sein zu dieser Zeit 7 Jahre alter Sohn Theodosius II. den Thron "geerbt" haben. Wo die beiden residiert haben, bleibt offen. Da die traditionelle Geschichte sie als Ostkaiser führt, sind in dieser zwangsläufig keine Hinweise zu finden.
Nach dem Tod von Honorius wurde Johannes (423-425 n. Chr.) "wahrscheinlich durch den Senat und die Garde" [https://de.wikipedia.org/wiki/Johannes_(Kaiser)] zum Kaiser erhoben. Möglicherweise wollte der Senat die von den Goten

gestützte Kaiserherrschaft beenden, indem sie einen eigenen Kaiser erhoben haben, was anscheinend nicht funktioniert hat. Nach dem gewaltsamen Tod von Johannes 425 n. Chr. wurde der sechsjährige Valentinian III. (trad. 425-455 n. Chr.) zum Kaiser über die zentralen Provinzen erhoben, womit wieder ein gotengestützter Kaiser auf den Thron kam.

"Er stand während seiner Regierungszeit lange unter dem Einfluss seiner Mutter Galla Placidia und des mächtigen Heermeisters Flavius Aëtius."
[https://de.wikipedia.org/wiki/Valentinian_III.]

Aber Theodosius II. soll nach Honorius' Tod Anfang 425 n. Chr. Truppen nach Italien geschickt haben, die die Usurpation des Johannes beendeten und seinen 6jährigen Vetter Valentinian (III.) zum Kaiser erhoben.

Gegenvorschlag: Theodosius II. erhob sich selbst 425 n. Chr. zum Augustus in Italien.

"Bereits 431 schickte Theodosius Truppen unter seinem Heermeister Aspar in den Westen, um in Nordafrika gegen Geiserich zu kämpfen, und 441 entsandte er eine große Flotte, diesmal, um Westrom auf Sizilien im Kampf gegen die Vandalen beizustehen ..."
[https://de.wikipedia.org/wiki/Theodosius_II.]

Sein Eingreifen in Nordafrika und Sizilien ist als Kaiser für die zentralen Provinzen, wozu Nordafrika und Sizilien gehörten, folgerichtig.

Und Valentinian III.?
Sein 6jähriger Vetter Valentinian (III.) lebte parallel in Rom unter der Regentschaft seiner Mutter Galla Placidia und dem Heermeister Flavius Aëtius, die ebenfalls den Thron in Italien beanspruchten. Ich gehe davon aus, dass Valentinian III. zwar im sicheren Rom "residierte", aber keine reale Macht besaß. Valentinian III. überlebte den Tod von Galla Placidia (†450) und von Aëtius (†454), den er eigenhändig ermordet haben

soll, nur kurz. Er wurde 455 n. Chr. erschlagen, angeblich von Gefolgsleuten des Aëtius.

Anmerkung:
Das Jahr 455 n. Chr. ist sehr nahe an dem Jahr 456 n. Chr., das Jahr, in dem Narses für Justinian I. die "Gotenherrschaft" in Italien beendete und selbst die Herrschaft übernahm.
Ob Justinian mit dem Tod Valentinians III. etwas zu tun hatte oder er nach dessen Tod seine Chance sah, ist von mir nicht zu beantworten.

Wann ist das Ende Westroms zu datieren? Dass das Märchen von Romulus Augustus "Augustulus", der von Odoaker abgesetzt worden sein soll, nicht die wahre Ereignisgeschichte widerspiegelt, dürfte jeden klar sein. Den Untergang Westroms muss man bereits um 457 n. Chr. mit der Beseitigung des letzten Westkaisers (Valentinian III.) durch Justinian datieren. Danach gab es nur noch einen Reichsteil - Ostrom.
Vielleicht sollte die Verschiebung der Herrschaft Justinians um 95 Jahre seine aktive Rolle beim Ende Westroms verschleiern.

Theoderich und die Goten in Italien

Ist Theodosius I. mit Theoderich dem Großen gleichzusetzen?

Wie oben ausgeführt, begab sich nach traditioneller Darstellung Theodosius I. 393 n. Chr. ein zweites Mal nach Italien, jetzt angeblich in Begleitung von etwa 100000 Mann, einschließlich gotischer Hilfstruppen.
Diesen zweiten Zug erachte ich für fiktiv. Theodosius war seit 389 n. Chr. in Italien und herrschte dort mit Hilfe der ihm unterstehenden gotischen Truppen.
Es gibt eine seltsame Übereinstimmung. Kaiser Zeno/Zenon schickte Theoderich mit ebenfalls 100000 Mann nach Italien, um Odoaker zu beseitigen, der traditionell den letzten Kaiser

im Westen, Romulus Augustus "Augustulus", im Jahr 476 n. Chr. absetzte.

"Ende 488 wurde Theoderich dann von Zenon als *magister militum* bestätigt, zum *patricius* ernannt und mit einem Feldzug gegen Odoaker in Italien beauftragt. ... Theoderich zog im Jahre 489 mit ca. 20.000 Kriegern und deren Familien nach Italien. So kamen zu den etwa 20.000 überwiegend gotischen *foederati* noch ca. 80.000 weitere Personen hinzu, so dass von einem Gesamttross von etwa 100.000 Menschen ausgegangen werden kann. Auch Römer und Vandalen waren auf beiden Seiten in den anschließenden Konflikt verwickelt, der vor allem in Norditalien für Verwüstungen sorgte. Nach zunächst wechselhaftem Kriegsverlauf konnte Theoderich im Sommer 490 zunächst bei Verona und anschließend nochmals am Fluss Adda zwei entscheidende Siege erringen und kontrollierte 491, als Zenon starb, den Großteil Italiens." [https://de.wikipedia.org/wiki/Theoderich_der_Große]

Wenn man Theoderich genauso wie Kaiser Zeno um 95 Jahre in Richtung Vergangenheit verschiebt, beauftragte Zeno Theoderich auch im Jahr 488-95 = 393 n. Chr.

Die Absetzung von Odoaker im Jahr 476 n. Chr. fällt in die fiktive Zeit von 456/457 bis 551/552 n. Chr. (siehe Abschnitt *Die manipulierte Chronologie des 1. Jtsd.*).

Angenommen, die Absetzung durch Odoaker wäre real, müsste diese um 95 Jahre rückdatiert werden. Das traditionelle Jahr der Absetzung von Romulus Augustus 476 n. Chr. ergäbe bei einer Verschiebung um 95 Jahre das Jahr 381 n. Chr.

Zu fragen wäre, wieso Zeno 12 lange Jahre gewartet haben soll, bevor er ein Heer nach Italien schickte. Er war ja bereits seit 379 n. Chr. im Amt. Warum interessierten ihn die Vorgänge in Italien überhaupt?

Ich halte den geschilderten Vorgang für reine Erfindung. Natürlich kann die reale Absetzung von Valentinian II. durch Theodosius durchaus als Vorlage gedient haben.

Ist die Person des Odoaker real? Ihm werden Münzen zugeschrieben, die auf der Vorderseite Kaiser Zeno zeigen. Warum eigentlich der Ostkaiser Zeno? Es gibt weitere den Ostgoten zugeschriebene Münzen, die bis auf wenige z. B. die Roma und alle anderen aktuelle Ostkaiser (Anastasius I., Justin I., Justinian I.) auf dem Avers abbilden. Waren nur die aktuellen Ostkaiser für die Münzprägung akzeptabel? (Bei den teils chaotischen Zuständen in Italien vielleicht nachvollziehbar.)

Odoaker könnte z. B. der Heerführer der gotischen Hilfstruppen von Theodosius gewesen sein, der von der späteren Geschichtsschreibung zum Hauptakteur gemacht wurde.

Und Theoderich? Hat Kaiser Zeno ihn wirklich nach Italien geschickt, um Odoaker zu stoppen, und haben ihn wirklich 100000 Mann begleitet?

Auch seine traditionelle Herrschaft in Italien fällt in die o. a. fiktive Zeit von 456/457 bis 551/552 n. Chr. Danach muss die Ereignisse dieser Zeit Erfindungen sein.

Theoderich soll 490 bei Verona und am Fluss Adda zwei entscheidende Schlachten gewonnen haben. 491 n. Chr. soll er den Großteil Italiens erobert haben. Die Jahre 490/491 n. Chr. entsprechen nach Abzug der 95 fiktiven Jahre den Jahren 395/396 n. Chr.

Nach einer angeblich zweijährigen, vergeblichen Belagerung der als uneinnehmbar geltenden Stadt Ravenna, die sog. Rabenschlacht, soll er 493 n. Chr. (= 398 n. Chr.) eine Verständigung mit Odoaker gesucht haben, um diesen wenig später heimtückisch zu ermorden.

Ravenna war am Ende des 4. Jh. keinesfalls eine uneinnehmbare Stadt, wie im Abschnitt *Ravenna - eine alternative Stadtgeschichte/Stadtentwicklung* beschrieben.
Ravenna war zu dieser Zeit ein relativ kleines, zwar befestigtes Oppidum, vielleicht nicht einmal mit einer Stadtummauerung.
Die Belagerung von Ravenna und das geschilderte Ende von Odoaker sind auf jeden Fall konstruiert.

Trotzdem glaube ich, dass Theoderich nicht zwingend fiktiv ist. Ich halte Theoderich wie auch Odoaker für Heerführer der gotischen Truppen, die Theodosius begleitet hatten.
Ob Theoderich König der Goten war, kann ich nicht beantworten. Es gab natürlich keine spätere Eroberung Italiens durch Theoderich.

Auch die übrigen bekannten gotischen Führer oder Könige wie Alarich, Athalarich, Theodahat, Witigis, Totila und Teja halte ich für reale gotische Führer. Die Gotenzeit währte m. E. schließlich von 389 n. Chr. bis zur Intervention Justinians I. in den Jahren 456/457 n. Chr.

Traditionell soll Theoderich seine Residenz in Ravenna gehabt haben. Ich halte das für ein Konstrukt (und für ziemlich unlogisch).
Ich gehe eher davon aus, dass er seine Residenz - soweit es eine solche überhaupt gab - relativ zentral in Norditalien, in Mailand, oder vielleicht auch in der Nähe von Mailand hatte, z. B. Pavia, wo angeblich die Langobarden residierten. Die Residenz des Theodosius, der die Goten befehligte, in Mailand, dürfte das nahelegen.

Natürlich herrschte der Gotenkönig Theoderich nie über Italien. Er war immer nur König der dortigen Goten. Theoderich hatte damit auch keine Regierungs- und Verwaltungsvollmacht in Italien. Die blieb bei dem Kaiserhof und dessen römischen Beamten.
Indem die Goten dem Heerführer Theodosius und seinem Sohn auch bei seiner Usurpation des Kaiserthrons und über

seinen Tod hinaus militärische Gefolgschaft leisteten, nahmen sie in Italien sicher eine herausragende Stellung ein. Diese Konstellation könnte der angeblichen Gotenherrschaft in Italien zugrunde liegen.

Theoderich soll 526 n. Chr. gestorben sein. Das wäre bei Abzug der 95 Jahre das Jahr 431 n. Chr. Der danach einsetzende Kampf um die Nachfolge führte offenbar zu chaotischen Zuständen innerhalb der gotischen Reihen. Bis zum Ende der Goten in Italien 457 n. Chr. (trad. 552 n. Chr.) sind noch mehrere Königserhebungen bekannt, so Theodahad 439 n. Chr. (trad. 534 n. Chr.), Witichis 441 n. Chr. (trad. 536 n. Chr.), Totila 446 n. Chr. (trad. 541 n. Chr.) und Teja 457 n. Chr. (trad. 552 n. Chr.).

Wirkliche materielle Belege der Herrschaft Theoderichs gibt es m. E. keine.

"Er ließ zahlreiche Bauten errichten bzw. erneuern; zu erwähnen ist besonders die weitere Ausgestaltung Ravennas. Auch in Rom wurden noch einmal umfangreiche Erneuerungen an den antiken Bauwerken vorgenommen." [https://de.wikipedia.org/wiki/Theoderich_der_Große]

In Ravenna, das immer wieder herangezogen wird, Fehlanzeige.

Mit den angeblich frühchristlichen Kirchen in Ravenna, darunter auch die, die Theoderich zugeschrieben werden, hatte ich mich bereits in meinem Buch zum frühchristlichen Kirchenbau [MEISEGEIER 2017, 94ff] befasst und diese bis auf San Vitale alle dem 12./13. Jh. San Vitale hatte ich dort noch im 10. Jh. gesehen, was jedoch zu früh war (siehe Abschnitt *Eine byzantinische Kirche in Ravenna - San Vitale*).

Zu dem Theoderich zugeordneten, ergrabenen "Palast" siehe Abschnitt *... und Theoderichs Palast?*.

Sein angebliches Mausoleum - der Anlass für vorliegendes Buch - blanke Phantasie. Siehe Abschnitt *Kein Theoderich - kein Grabmal. Aber was dann?.*

Ansonsten gibt es bis auf das Theoderich zugeschriebene Monogramm an mehreren Kapitellen am venezianischen Palast in Ravenna und im Nationalmuseum (siehe Abschnitt *Ravenna - eine alternative Stadtgeschichte/Das arianische Ravenna*) und einem Rohrleitungsstück, ebenfalls im Nationalmuseum, keinen einzigen Beleg für seine Anwesenheit in Ravenna. Die Belege für ganz Italien sind m. E. nicht stichhaltiger. Theoderich und die Goten in Italien existieren nur in den Schriftquellen.

Da sog. Monogramm, u. a. auf ihm zugeschriebenen Münzen, ist sicher ein zu klärendes Detail.

Reichsteilung von 395?

Traditionell hat die Teilung in Ost- und Westrom ihren Ursprung in der Tetrarchie Diokletians. Erstaunlich ist, dass in der Herrscher-Konstruktion Diokletians Rom als Residenz eines Kaisers überhaupt nicht vorkommt, Rom nicht einmal erwähnt wird. Für die Westkaiser wird Mailand als Residenz bestimmt, für die Ostkaiser Konstantinopel.

Diokletian als *senior Augustus* und *auctor imperii* war "nur" Augustus des Ostens, also Grenzkaiser der östlichen Provinzen.

Nach der HEINSOHN-These herrschten parallel zu Diokletian (1-21 n. Chr.) als stadtrömischer Kaiser Augustus (27 v. Chr.-14 n. Chr.) und danach Tiberius (14-37 n. Chr.). Sie erscheinen in der Konstruktion Diokletians überhaupt nicht.

Die Konstruktion Diokletians soll nur wenige Jahre funktioniert haben, bis zur Herrschaft Konstantin I.

Ist die Tetrarchie Diokletians vielleicht ein späteres, byzantinisches Konstrukt, um die Vorherrschaft des Kaisers des Ostens zu legitimieren?

Die weiteren Reichsteilungen nach Valentinian I. 375 n. Chr. und nach Theodosius I. 395 n. Chr. waren keine Teilungen, sondern möglicherweise nur Feststellungen des Status quo.

Zur Reichsteilung nach Valentinian I. 375 n. Chr.:

"Das Reich wurde nominell zwischen den drei Augusti geteilt (blieb aber staatsrechtlich eine Einheit). Gratian bekam die transalpinen Provinzen, während Valentinian Italien, Teile von Illyrien und *Africa* zugesprochen wurden und Valens für den Osten zuständig blieb. Freilich konnte Valentinian, der in Mailand residierte, aufgrund seines Alters nicht eigenständig regieren, so dass Gratian de facto weiterhin den ganzen Westteil des Reiches beherrschte.
Nach dem gewaltsamen Tod ces Valens in der Schlacht von Adrianopel im Juli 378 wurde das Kaiserkollegium Anfang 379 um Theodosius I. erweitert, den Gratian als Nachfolger seines Onkels Valens zum Kaiser im Osten ernannte, um einer Usurpation zuvorzukommen."
[https://de.wikipedia.org/wiki/Valentinian_II.]

Valentinian II. bekam Italien, Teile von Illyrien und *Africa* zugeteilt. Diese Provinzen waren sog. senatorische Provinzen und gehörten eigentlich zum Zuständigkeitsbereich des stadtrömischen Kaisers. Diesen gab es seit dem Tod von Domitian nicht mehr. Offenbar wurden die ehemaligen senatorischen Provinzen, und zwar bereits seit der Tetrarchie Diokletians, einem Grenzkaiser zugewiesen, der nicht in Rom, sondern in Mailand residierte.

"Nach mehreren Jahrhunderten römischer Herrschaft wurde Mailand 286 unter Kaiser Diokletian zu einer der Residenzstädte des Reiches gemacht. Im 4. Jahrhundert hielten sich hier daher regelmäßig römische Herrscher auf, zuletzt Honorius." [https://de.wikipedia.org/wiki/Mailand]

Warum seit Diokletians Tetrarchie Rom als Residenz nicht mehr erwähnt wird, obwohl dort das ganze 1. Jh. n. Chr. noch stadtrömische Kaiser residierten, kann nur spekuliert werden. Wie oben bereits erwähnt, vermute ich in der Tetrarchie ein späteres, byzantinisches Konstrukt. Vielleicht sollte die frühere Hauptstadt und ewiger Konkurrent Konstantinopels, Rom, aus der byzantinischen Geschichte einfach verschwinden. Auch in den Berichten über die Gotenkriege Justinians spielte die Einnahme Roms durch die Byzantiner nur eine untergeordnete Rolle; sie war nur eine Episode in dem angeblich fast zwanzig Jahre andauernden Krieg. Vielleicht durfte Rom als Residenz des Romkaisers nicht in den Vordergrund gerückt werden, um die wahren Gründe der Intervention Justinians zu verschleiern.

Selbst Honorius, der seine Residenz von Mailand nach Rom verlegte, durfte in der traditionellen Geschichtsschreibung nicht in Rom residieren, sondern musste nach Ravenna.

Dass nach dem Tod von Domitian die Kaiserresidenz Rom vakant blieb, lag möglicherweise im Interesse des Senats, der nicht bereit war, die Macht in der Stadt zu teilen.

Die Reichsteilung von 395 n. Chr. ist eine Fehlinterpretation der Historiker. Schon seit Constantius I., der "von 293 bis 305 untergeordneter Caesar (und) in den Jahren 305/306 Augustus im westlichen Reichsteil" [https://de.wikipedia.org/wiki/Constantius_I.] war, bestand Westrom eigentlich aus zwei eigenständigen Teilreichen, in denen jeweils eigene Kaiser herrschten: Einmal die zentralen Provinzen, das sind Italien, Teile von Illyrien und *Africa*, die einem eigenen Grenzkaiser unterstanden und zum anderen die transalpinen Provinzen, das waren Britannien, Gallien, Germanien und Hispanien, die einem anderen Grenzkaiser unterstanden.

Nachstehend versuche ich eine Auflistung der Rom- und Grenzkaiser, letztere (ab Diokletian) getrennt für die östlichen, die transalpinen sowie die zentralen Provinzen.

Liste der Grenzkaiser von Nerva bis Carinus nach BEAUFORT (Datierung von mir angepasst):

Name	Datierung (v. Chr.)	trad. (n. Chr.)
Nerva	189 - 187	96-98
Trajan	187 - 168	98-117
Hadrian	168 - 147	117-138
Antoninus Pius	147 - 124	138-161
Mark Aurel	124 - 105	161-180
Commodus	105 - 93	180-192
Pertinax	92	193
Didius Julianus	92	193
Septimius Severus	92 - 74	193-211
Caracalla	74 - 68	211-217
Macrinus	68 - 67	217-218
Elagabal	67 - 63	218-222
Severus Alexander	63 - 50	222-235
Maximus Thrax	50 - 47	235-238
Gordian III.	47 - 41	238-244
Philippus Arabs	41 - 36	244-249
Decius	36 - 34	249-251
Trebonianus Gallus	34 - 32	251-253
Aemilianus	32	253
Valerian	32 - 25	253-260
Gallienus	32 - 17	253-268
Claudius Gothicus	17 - 15	268-270
Quintillus	15	270
Aurelian	15 - 10	270-275
Tacitus	10 - 9	275-276
Florianus	9	276
Probus	9 - 3	276-282
Carus	3 - 2	282-283
Carinus	2 - 1 n. Chr.	283-285

Liste der Stadtrömischen Kaiser (tentativ)

Name	Datierung (n. Chr.)	Bemerkung
Augustus	27 v. Chr.-14 n. Chr.	
Tiberius	14 - 37	
Caligula	37 - 41	
Claudius	41 - 54	
Nero	54 - 68	
Galba	68 - 69	
Otho	69 - 69	
Vitellius	69 - 69	
Vespasian	69 - 79	
Titus	79 - 81	
Domitian	81 - 96	

Liste der Grenzkaiser für die östlichen Provinzen (ab Diokletian bis Justinian I.) (tentativ)
Residenz Konstantinopel u. a.

Name	Datierung (n. Chr.)	Bemerkung
Diokletian	1 - 21	trad. 284-305
Galerius	21 - 27	trad. 305-311
Maximinus Daia	27 - 29	trad. 311-313
Licinius	29 - 40	trad. 313-324
Konstantin I.	40 - 53	trad. 324-337
Constantius II.	53 - 77	trad. 337-361
Julian	76 - 79	trad. 360-363
Jovian	79 - 80	trad. 363-364
Valens	80 - 94	trad. 364-378
fiktive Zeit 94 - 378 (284 Jahre)		
Zeno	379 - 396	trad. 474-491
Anastasius I.	396 - 423	trad. 491-518
Justin I.	423 - 432	trad. 518-527
Justinian I.	432 - 470	trad. 527-565

Liste der Grenzkaiser für die zentralen Provinzen (ab Maximian) (tentativ)
Residenz in Mailand (ab Honorius in Rom, Theodosius II. vmtl. in Mailand)

Name	Datierung (n. Chr.)	Bemerkung
Maximian	2 - 21	trad. 286-305
Severus	22 - 23	trad. 306-307
Maxentius	22 - 28	trad. 306-312
Konstantin I.	28 - 53	trad. 312-337
Constans	53 - 66	trad. 337-350
Magnentius	66 - 69	trad. 350-353
Constantius II.	69 - 77	trad. 353-361
Julian	76 - 79	trad. 360-363
Jovian	79 - 80	trad. 363-364
Valentinian I.	80 - 91	trad. 364-375
Valentinian II.	91 - 94	trad. 375-392
fiktive Zeit 94 - 378 (284 Jahre)		
Valentinian II.	378 - 392	trad. 375-392
Eugenius	392 - 394	
Honorius	393 - 423	
Johannes	423 - 425	
Theodosius II.	425 - 450	
Valentinian III.	425 - 455	

Liste der Grenzkaiser für die transalpinen Provinzen (ab Constantius I.) (tentativ)

Residenz in Trier bzw, Vienne

Name	Datierung (n. Chr.)	Bemerkung
Grenzkaiser für die transalpinen Provinzen (ab Constantius I.) Residenz in Trier bzw, Vienne		
Constantius I.	21 - 22	trad. 305-306
Konstantin I.	22 - 53	trad. 306-337
Konstantin II.	53 - 56	trad. 337-340
Constans	56 - 66	trad. 340-350
Magnentius	66 - 69	trad. 350-353
Constantius II.	69 - 71	trad. 353-355
Julian	71 - 79	trad. 355-363
Jovian	79 - 80	trad. 363-364
Valentinian I.	80 - 91	trad. 364-375
Gratian	91 - 94	trad. 375-383
fiktive Zeit 94 - 378 (284 Jahre)		
Gratian	378 - 383	trad. 375-383
Magnus Maximus	383 - 388	
Arcadius	383 - 408	
Theodosius II.	408 - 450	

Die westlichen Provinzen nach dem Untergang Westroms

(In meinen früheren Veröffentlichungen zum frühen Kirchenbau in den verschiedenen Regionen des ehemaligen Römischen Reichs (Deutschland, Frankreich, Italien, England, Spanien, Nordafrika) hatte ich jeweils versucht, die regionale Geschichte unter dem Aspekt der HEINSOHN-These grob zu umreißen - natürlich entsprechend dem damaligen Stand der These.

Die Verschiebung von Justinian und der nachfolgenden Kaiser bis Phokas (Herakleios?) um 95 Jahre in Richtung Gegenwart war damals noch nicht aktuell. Unter Berücksichtigung dieser ergeben sich zwangsläufig einige Abweichungen zu meinen früheren Ausführungen.)

Seit 91 n. Chr. (trad. 375 n. Chr.) herrschte Gratian als Grenzkaiser über die transalpinen Provinzen, das waren Britannien, Gallien, Germanien und Hispanien. Im Jahr 383 n. Chr. wurde er von dem Usurpator Magnus Maximus in der Herrschaft über die transalpinen Provinzen gewaltsam abgelöst. Maximus residierte daraufhin in *Augusta Treverorum* (Trier).

Wie im Abschnitt *Theodosius und Theoderich* bereits erwähnt, hat Theodosius nach der Absetzung und Ermordung Gratians 383 n. Chr. seinen Sohn Arcadius zum Kaiser über die transalpinen Provinzen erhoben, so dass sowohl Maximus als auch Arcadius nominell über die transalpinen Gebiete herrschten. Maximus herrschte bis zu seinem gewaltsamen Tod 388 n. Chr. durch Theodosius.

Alleinherrscher über die transalpinen Provinzen war danach Arcadius, wobei dieser offenbar als Herrscher im Westen kaum in Erscheinung trat. Er stand unter der Ägide seines Vaters Theodosius, der sich aber mehr um Italien kümmerte.

Im Wesentlichen wurden diese Provinzen sich selbst überlassen. Nach dem Tod von Arcadius im Jahr 408 n. Chr.

"erbte" sein Sohn Theodosius II. den Kaiserthron. Nachdem er 450 n. Chr. starb, wurde anscheinend kein neuer Grenzkaiser eingesetzt. Die römische Präsenz endete damit in diesen Provinzen mit Ausnahme des kurzen Intermezzos einer byzantinischen Provinz *Spania* in Hispanien.

Die verbliebenen römischen Truppen in den transalpinen Provinzen, die sich vorwiegend aus germanischen Söldnern rekrutiert hatten, haben sich nach der Niederlage von Maximus vermutlich weitgehend aufgelöst. Denkbar ist, dass sich ein großer Teil in der ansässigen Bevölkerung assimilierte.

Die letzten römischen Truppen verließen Britannien um 410 n. Chr. Danach herrschten auf der Insel die Angeln und Sachsen, die zuvor von den Römern als *foederati* angesiedelt wurden. Auch die übrigen transalpinen Gebiete nahmen nach 388 n. Chr. eine eigene Entwicklung.

Nach der traditionellen Geschichte hatten sich im Verlauf des 5. Jh. verschiedene Herrschaftszentren herausgebildet.

So sollen die Salfranken (Merowinger) unter Childerich I. (trad. ca. 457-481/82) im Nordwesten Galliens eine herausragende Machtstellung erlangt haben. Vermutlich waren sie von Rom ursprünglich als *foederati* mit der Sicherung der Nordwestgrenze beauftragt.

Im Süden Galliens sollen sich die Westgoten festgesetzt haben. Im Jahr 418 n. Chr. gründeten sie angeblich ihr sog. Tolosanisches Reich.

Im Südosten soll sich das Königreich Burgund (nach 534?) gegründet haben.

Das sich nördlich der Loire 461 n. Chr. formierte sog. Reich des Syagrius (auch als Reich von Soissons bezeichnet), an dessen Spitze ein abtrünniger römischer Befehlshaber gestanden haben soll, zähle ich dazu. Dieses soll um 496/97 n. Chr. von Chlodwig erobert worden sein.

Traditionell haben ab Ende des 5. Jh. bis Mitte des 6. Jh. die Merowinger ganz Gallien unter ihre Kontrolle gebracht.

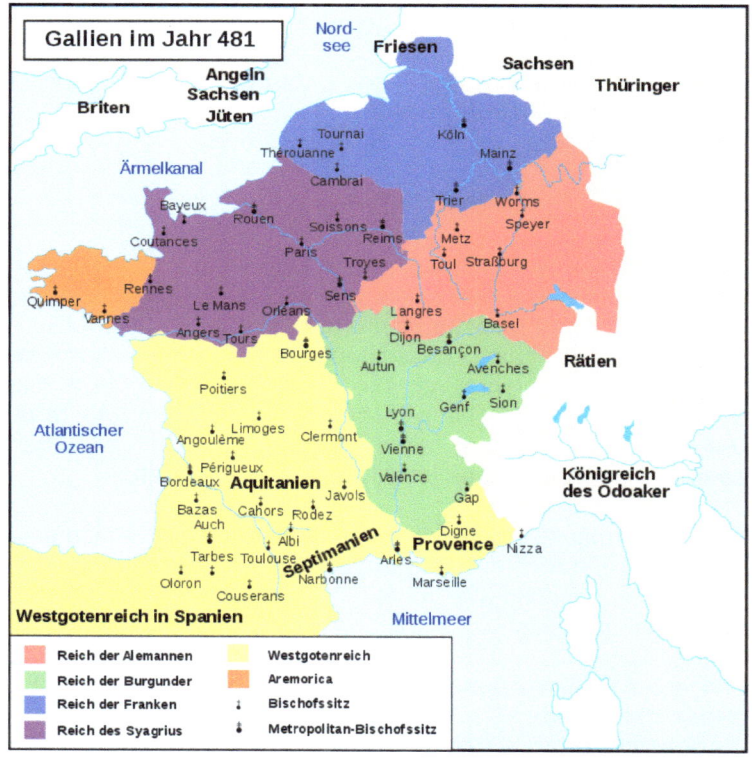

Das Reich der Merowinger vor dem Herrschaftsantritt Chlodwigs.
[https://de.wikipedia.org/wiki/Fränkisches_Reich

So sollen sie im Jahr 507 unter Chlodwig das Tolosanische Reich der Westgoten erobert haben. Weiterhin 534 das

61

Königreich Burgund. Auch die Provence und Septimanien, beide seit Anfang des 5. Jh. westgotisch, wurden angeblich 526 bzw. 531 ebenfalls fränkisch. Das traditionell um die Mitte des 5. Jh. gegründete Thüringerreich soll 531 von den Merowingern beseitigt worden sein. Zuvor hätten die Merowinger bereits die Alamannen (496 n. Chr.) und die Rheinfranken (509 n. Chr.) besiegt.

Diese "Erfolgsgeschichte" der Merowinger ist höchst verdächtig, ein Konstrukt zu sein.

Merowinger, Westgoten, Burgunder

Vermutlich ist die Geschichte der Merowinger byzantinisch datiert. Damit müsste die merowingische Geschichte ebenfalls von dem 95-Jahre Einschub betroffen sein.
Ich gehe davon aus, dass genauso wie in Byzanz der Einschub der 95 Jahre vor 474 n. Chr. stattfand, d. h. die Jahre von 379 bis 474 n. Chr. sind fiktiv. Um die reale Datierung zu erhalten, sind ab 474 n. Chr. von den traditionellen Datierungen jeweils 95 Jahre abzuziehen.

Die o. a. Ereignisse der merowingischen Geschichte sind also um 95 Jahre in Richtung Vergangenheit zu verschieben.
Traditionell zwischen 379 und 474 n. Chr. datierte "Ereignisse" sind vermutlich fiktiv.

Childerich I. würde danach von ca. 362 bis 386/387 n. Chr. geherrscht haben.
Die Beseitigung des Tolosanischen Reichs würde in das Jahr 412 n. Chr. zu datieren sein.
Die Beseitigung des sog. Reichs des Syagrius hätte 401/402 n. Chr. stattgefunden. Die Gründung des Reichs des Syagrius (461-95 = 366 n. Chr.) würde in die Herrschaftszeit Valentinians I. fallen. Damit wäre der Gründer Aegidius wirklich ein Abtrünniger.
Das Königreich Burgund wäre 439 n. Chr. von den Franken erobert worden, die Provence und Septimanien 431 bzw.

436 n. Chr., das Thüringerreich ebenfalls 436 n. Chr.. Die Alamannen und Rheinfranken 401 bzw. 414 n. Chr.. Das Ende der Herrschaft der Merowinger mit Dagobert I. würde in das Jahr 544 n. Chr. fallen, d. h. kurze Zeit nach der globalen Naturkatastrophe 522 n. Chr. (= um 940 u. Z.).

Die o. a. "korrigierten" Datierungen halte ich für durchaus plausibel.

Der Aufstieg Childerichs I. schon während der Herrschaft Gratians ist glaubhaft. Möglicherweise haben die Merowinger die Wirren um die Usurpation des Maximus für die Beseitigung des Reichs des Syagrius und der Ausweitung ihres Machtbereichs ausgenutzt.

Die Gründung des Tolosanischen Reichs fällt in die fiktive Zeit. Auch wenn die angebliche Vernichtung des Tolosanischen Reichs in die Realzeit fällt, halte ich das Tolosanisches Reich der Westgoten für ein Konstrukt.
Die Beseitigung des Tolosanischen Reichs durch die Merowinger und deren fränkische Eroberungen der Provence und Septimaniens dürften ins Reich der Legenden gehören.

Der Verbleib der Westgoten - sofern es sie überhaupt gab - ist für mich noch unklar. Außer den später angefertigten Schriftquellen gibt es kaum wirkliche Belege für deren Anwesenheit in Südgallien und auch in Hispanien. Die westgotischen Kirchen Spaniens hatte ich in [MEISEGEIER 2021, 55ff] bereits deutlich verjüngt. Sie haben mit den Goten des 5. Jh. nichts zu tun.

Es ist natürlich nicht ausgeschlossen, dass ein Teil der Goten in Richtung Westen weitergezogen war, aber warum? In Italien hatten sie eine einigermaßen sichere Existenz.

Das 413 n. Chr. gegründete Burgunderreich am Rhein soll 436 n. Chr. von den Hunnen vernichtet worden sein. Beide Datierungen fallen in die fiktive Zeit. M. E. hat es das Burgunderreich am Rhein nie gegeben.

Selbst die Ansiedlung der Burgunder im Bereich des Genfer Sees um 443 n. Chr. durch den römischen Heermeister Flavius Aëtius fällt in die fiktive Zeit und ist vermutlich ein Konstrukt, wie die Eroberung durch die Franken 534 (korr. 439 n. Chr.).
Burgund ist m. E. ein im Hochmittelalter entstandenes Herzogtum, dem nachträglich eine alte "Geschichte" geschaffen wurde. Das Herzogtum Burgund bestand bis in das 17. Jh.

Am Ende verbleiben für das Merowingerreich nur Austrasien und Neustrien. Die Ausdehnung Frankreichs nach Süden bzw. Westen erfolgte real erst im späten Mittelalter (Aquitanien erst nach dem Hundertjährigen Krieg, Burgund vermutlich ab 1362 - "Valois-Burgund", Bretagne erst im 15./16. Jh.).

Nach dem Ende der Merowinger blieb Gallien ohne neue Zentralgewalt bis sich im späteren Mittelalter neue, mittelalterliche Herrschergeschlechter etablieren konnten.

Auf der Iberischen Halbinsel entstanden m. E. keine eigenständigen Reiche. Das Suebenreich und das sog. Toledanische Königreich der Westgoten halte ich für spätere Konstrukte.
Die eingewanderten Westgoten und Sueben - soweit deren Anwesenheit in Hispanien überhaupt real ist - verschmolzen im Laufe der Zeit mit der ansässigen Bevölkerung.

Byzanz in Hispanien und Africa

Justinian (432-470 n. Chr.) versuchte ab 457 n. Chr. (trad. 552 n. Chr.) eine Rückgewinnung der ehemaligen senatorischen Provinz *Baetica*, was ihm mit der Gründung der byzantinischen Provinz *Spania* nur kurzzeitig gelang.

Ich vermute, dass in der Folge der globalen Naturkatastrophe 522 n. Chr. die byzantinische Unterstützung für die Provinz

Spania ausfiel. Ohne die Unterstützung aus Byzanz war das Staatsgebilde offenbar nicht lebensfähig. Die Byzantiner verließen vermutlich die Iberische Halbinsel. Übrig blieb die ansässige Bevölkerung, bestehend u. a. aus Westgoten(?). Das war die angebliche "Eroberung durch die Westgoten". Traditionell endete die Provinz *Spania* im Jahr 625 n. Chr. mit der angeblich westgotischen Eroberung von Carthago Nova (625-95=530 n. Chr.).

Die arabische, (islamische) Eroberung Südostspaniens erfolgte vermutlich erst viel später, ab dem 13. Jh. Der Beginn der angeblich dritten Phase der Reconquista (ab 1213) waren vermutlich die Kämpfe im Zusammenhang mit der arabischen Eroberung, nicht - wie die traditionelle Geschichte es darstellt - die Rückdrängung der Araber. Damit hat die arabische Herrschaft im Süden der Iberischen Halbinsel nicht ca. 450 Jahre, sondern nur real ca. 260 Jahre gedauert. Damit verbleibt zum Schluss eigentlich nur das Emirat von Granada (1232-1492) in der Geschichte.

Diesbezüglich muss ich meine Darstellung in [MEISEGEIER 2021, 28f] revidieren, die noch auf einen früheren Arbeitsstand der HEINSOHN/(BEAUFORT)-These basierte. Dort war ich noch der irrigen Meinung, dass die Araber die Provinz *Spania* im 7. Jh. erobert hätten. Insbesondere nach der Bearbeitung der frühen Kirchen in Nordafrika (siehe [MEISEGEIER 2022]) und des frühen Kirchenbaus in Syrien, Konstantinopel, Jerusalem und im Heiligen Land (siehe [MEISEGEIER 2023]) sehe ich die arabische, (islamische) Eroberung deutlich später.

Kurz zu der Provinz *Africa*, die zum Herrschaftsbereich des Grenzkaisers gehörte, der über die zentralen Provinzen herrschte. Der sog. Vandalenfeldzug Ostroms soll 533/534 n. Chr. stattgefunden haben. Bei Abzug der 95 fiktiven Jahre ergibt sich als neue Datierung für diesen Feldzug der Zeitraum 438/439 n. Chr., also noch vor der Übernahme der Herrschaft in Italien. Traditionell soll er von Nordafrika nach Sizilien übergesetzt haben, um die Goten in Italien zu bekämpfen. Ich glaube nicht so recht an die Goten in Süditalien und halte diese Darstellung eher für ein Konstrukt.

Die Gründung des Vandalenreichs 429 n. Chr. fällt in die fiktive Zeit. Ich halte das Vandalenreich für ein Konstrukt. Es hat es nie gegeben.
Die Beweislage für die Existenz des Vandalenreichs in Nordafrika ist mehr als dürftig, weswegen ich für dessen Nichtexistenz plädiere, wie schon in [MEISEGEIER 2022, 33ff].

Für Justinian I. ergibt sich auch ohne die Vandalen ein starkes Motiv für den nordafrikanischen Feldzug, nämlich die Eroberung der nordafrikanischen Gebiete für Byzanz.

Zuständig für die Provinz *Africa* war der Grenzkaiser für die zentralen Provinzen, Valentinian III., der seit 425 n. Chr. an der Macht war (anfangs parallel mit Theodosius II., der aber 450 n. Chr. starb). Justinian I., ursprünglich Grenzkaiser im Osten seit 432 n. Chr., bekriegte im sog. Gotenkrieg die Herrschaft Valentinians III. auf italienischem Gebiet.
Für einen vollständigen Sieg über Valentinian III. musste Justinian auch seine Herrschaft in der Provinz *Africa* beseitigen. Dass nach der "Ablösung" Valentinians III. der Widerstand in der Provinz *Africa* gering war, dürfte wenig überraschend sein.

Die Vandalen waren vermutlich nur ein Vorwand, um Justinians Aktivitäten in Nordafrika für die Nachwelt in einem besseren Licht erscheinen zu lassen.

Justinian konnte bekanntlich sowohl in Italien als auch in Nordafrika die Kämpfe für sich entscheiden. Schon 439 n. Chr. (trad. 534 n. Chr.) soll er die *praefectura praetorio Africae* begründet haben. Das Exarchat von Karthago (trad. 591-698 n. Chr.) wurde real 496 n. Chr. gegründet. Sein Ende fand es trad. 698 n. Chr., das dem Jahr 698+323 = 1021 u. Z. entspricht.

Die byzantinische Herrschaft in Nordafrika endete genauso wie in der Provinz *Spania*, im Prinzip mit der globalen Naturkatastrophe 522 n. Chr. = um 940 u. Z. Ob Spanien und Nordafrika direkt oder nur indirekt von der Katastrophe betroffen waren, möchte ich offen lassen. Das Ende der direkten Unterstützung durch Byzanz war auf jeden Fall auch der Beginn des Endes der byzantinischen Herrschaft in den von der Zentrale entfernten Gebieten. Traditionell gilt das Jahr 698 n. Chr., das korrigiert dem 1021 u. Z. entspricht, als das Ende der röm. Provinz *Africa*.

Das Ende der byzantinischen Provinz *Africa* wurde nicht durch die islamische Expansion herbeigeführt, die viel später stattfand, vermutlich erst im 14./15. Jh.

Wie in Hispanien, aber auch in Syrien (siehe [MEISEGEIER 2023]), verblieb nach dem Rückzug von Byzanz die ansässige Bevölkerung. Das waren in Spanien angeblich die Westgoten, in Nordafrika und in Syrien die einheimische arabische Bevölkerung.

Das Ende geschah im Prinzip sukzessive. Zuerst wurden die transalpinen Provinzen aufgegeben bzw. sich selbst überlassen.

Nach der globalen Naturkatastrophe 522 n. Chr. (= um 940 u. Z.) erlitten auch die Provinzen *Spania* und *Africa* dieses Schicksal.

Nur Italien wurde von Byzanz noch bis ca.1100 u. Z. "gehalten". Die fehlende Unterstützung durch Byzanz und der Widerstand der römischen Kirche zwangen Byzanz um 1100 u. Z. auch zur Aufgabe von Italien. Danach existierte nirgendwo auf dem Gebiet des Westteils des Römischen Reichs noch eine Herrschaft, die dem Römischen Reich zugerechnet werden kann.

Der Untergang Ostroms

Noch ein kurzer Blick auf den östlichen Teil, auf Byzanz. Ostrom traf im Prinzip dasselbe Schicksal. Nach der globalen Naturkatastrophe fiel auch in Syrien und im sog. Heiligen Land als auch in Ägypten die byzantinische Herrschaft in sich zusammen. Wie sich Byzanz nicht um die westlichen Provinzen kümmern konnte, wurden auch die Provinzen in der Levante und Ägypten sich selbst überlassen.

Byzanz schrumpfte bis 1204 u. Z., d. h. bis zur Eroberung durch die Kreuzfahrer während des Vierten Kreuzzugs, auf einen Kernbereich zusammen. Auf dem Gebiet des "minimalisierten" Byzanz errichteten die Kreuzfahrer ihr sog. Lateinisches Kaiserreich, das bis 1261 Bestand hatte.

Die Eroberung von Konstantinopel 1204 u. Z. halte ich für das endgültige Ende des Römischen und späteren Byzantinischen Reichs.

Das Nachfolgereich Nikaia war m. E. ein mittelalterlicher Feudalstaat, der sich zwar auf die byzantinische Vorgeschichte berief und vielleicht byzantinische Traditionen fortsetzte, jedoch mit dem ehemaligen Römischen Reich eigentlich nichts mehr zu tun hatte.

Ravenna - eine alternative Stadtgeschichte

Stadtentwicklung

Die Anfänge der Stadt Ravenna liegen ziemlich im Dunkeln. Umbrier, Etrusker?

Im 2. Jh. v. Chr. soll Ravenna römisch geworden sein. Nach einer anderen Quelle [BUSTACCHINI, 3] verzichteten die Römer bei der Eroberung der Poebene zunächst auf die Einnahme von Ravenna und annektierten es erst 89 v. Chr. Dem widerspricht, dass Kaiser Trajan, der (korrigiert) von 187-168 v. Chr. herrschte (siehe Abschnitt *Die manipulierte Chronologie des 1. Jtsd.*) einen 70 km langen Aquädukt zur Wasserversorgung der Stadt hat bauen lassen.

Erstmals historische Bedeutung erlangte Ravenna im Jahr 49 v. Chr., als Gaius Iulius Caesar hier seine Truppen versammelte, bevor er den Rubikon, ein kleiner Fluss, der südlich von Ravenna in die Adria mündet, überschritt - was gleichbedeutend mit einer Kriegserklärung an den Römischen Senat war.

Ca. 4 km südöstlich der Stadt errichtete Augustus ab 45 v. Chr. einen Militärhafen (*portus classis*), der in der Folgezeit zum wichtigsten Hafen des östliche Mittelmeeres wurde.

JÄGGI informiert in ihrem Artikel über ravennatische Spolien auch zur römischen Geschichte Ravennas, wobei sie sich hauptsächlich auf DEICHMANN bezieht.

"Ravenna hatte bereits in augusteischer Zeit eine gewisse Bedeutung erlangt, als es zum Stützpunkt jenes Teils der Reichsflotte erkoren wurde, der fortan für die Sicherheit des östlichen Mittelmeerraumes zuständig war. Die Anlage der antiken Kernstadt ist noch heute in Gestalt der sogenannten *Ravenna quadrata* ablesbar, eines Quartiers im Stadtzentrum, das innerhalb eines südwest-nordost-gerichteten Rechtecks einen auffällig regelmäßigen, orthogonalen Straßenverlauf aufweist ... Reste der Ummauerung dieser Kernstadt konnten archäologisch erfasst werden, ebenso wie Reste von Brücken, die belegen, dass das Stadtgebiet einst maßgeblich von Wasserläufen geprägt war. Von der antiken Innenbebauung haben sich hingegen jegliche Spuren verloren: Die Existenz des Forums, des Kapitols und anderer öffentlicher Bauten aus der frühen und mittleren Kaiserzeit kann heute nur mehr auf der Basis von nachantiken Schriftquellen nachgewiesen werden. So wird etwa das ravennatische Theater erstmals bei Salvian im 5. Jahrhundert erwähnt, der Circus, das Amphitheater und das Forum sogar erst im 7., 9. und 10. Jahrhundert.

Auch bei den Tempeln ist die Quellenlage äußerst dünn; ein einziger Tempel - jener des Neptun - wird in einer antiken Inschrift (2. Jahrhundert) genannt, wohingegen das Capitolium und der Apollontempel erstmals im 9. Jahrhundert erwähnt werden. Für den Herkules-, den Drusus- und den Saturntempel wiederum existieren nicht einmal mittelalterliche Überlieferungen - sie begegnen das erste Mal in der antiquarischen Überlieferung des 16.-19. Jahrhunderts, Ein Caesareum mit einem Altar zu Ehren der julisch-claudischen Herrscherfamilie ist aufgrund von Relieffunden rekonstruierbar, doch bleibt auch für dieses der ehemalige Standort unklar. Einzig im Falle des Circus, der jedoch erst im Zuge des spätantiken Stadtausbaus angelegt worden sein dürfte, ist aufgrund des mittelalterlichen Quartiernamens „Circlum" beziehungsweise der heutigen Via del Cerchio eine approximative Lage am Rande des einstigen Palastquartiers zu rekonstruieren.

Es liegt nahe, das fast völlige Verschwinden des römischen Ravenna mit einer großangelegten Selbstspoliierung im Zuge des spätantiken Ausbaues der Stadt zur Kaiserresidenz in Verbindung zu bringen, doch wird diese Vermutung durch die materielle Überlieferung nur partiell bestätigt." [JÄGGI, 290f]

Mit einer "Selbstspoliierung", also einem Spolienausverkauf, erklärt sich JÄGGI das fast völlige Verschwinden des römischen Ravenna - meiner Ansicht nach eine bizarre Vorstellung.

Ich denke eher, dass es dieses römische Ravenna mit diesem Ausbau nie gab. Die späteren Quellen sind vermutlich durchgängig Phantasieprodukte.

Die sehr dürftige Ausstattung der Stadt mit öffentlichen Bauten, wie wir sie in anderen römischen Städten finden, könnte darauf zurückzuführen sein, dass das Oppidum Ravenna keine zivile Stadt, sondern eine reine Garnisionsstadt war.

Die befestigte, römische Gründung, das Oppidum, blieb vermutlich bis in byzantinische Zeit im Prinzip in den Grenzen seiner ursprünglichen Befestigungsanlagen.

Die Existenz eines römischen Circus' außerhalb der Befestigungen (östlich des Oppidums, die Via Cerchio liegt ca. 340 m südlich von Sant'Apollinare Nuovo) wäre für eine Garnisionsstadt durchaus nachvollziehbar. Seine Errichtung würde ich zeitgleich mit dem Bau des Oppidums im 1. Jh. n. Chr. sehen. Das im Stadtplan von 1907 im Südosten liegende Hippodrom könnte ein Nachfolger des antiken Circus sein.

Erst in byzantinischer Zeit wuchs das Oppidum über seine ursprünglichen Grenzen hinaus. Zur Zeit der angeblichen Verlegung der kaiserlichen Residenz von Mailand nach Ravenna soll Ravenna ein "römisches Provinzstädtchen" gewesen sein [JÄGGI, 289].

Ein Artikel zur Entwicklung der Stadtmauer von Ravenna von CHRISTIE und GIBSON liefert einige weitere Erkenntnisse zur Stadtentwickung.

Der Ursprung der Stadt ist danach ein römisches Oppidum mit einem regelmäigen Straßennetz, das noch z. T. in der heutigen Stadtanlage im Südwesten erkennbar ist. Eine erste Stadtummauerung soll das Oppidum unter Kaiser Claudius 43

n. Chr. (u. a. mit der Porta Aurea) erhalten haben. Von dieser sollen noch Reste auf drei Seiten existieren.

"Spuren der Oppidum-Ummauerung sind auf drei Seiten erhalten, nur auf der Nordostflanke fehlt sie. Am besten erhalten ist sie jedoch im Südwesten, wo sich die Porta Aurea befand, die von Claudius um 43 n.Chr. errichtet wurde." [CHRISTIE/GIBSON, 163]

Diesbezüglich habe ich Zweifel. Möglicherweise gab es nur eine einfache Befestigung mit Graben und Palisaden. Vielleicht ist die aufgefundene Ummauerung einschließlich der Porta Aurea doch später.

Die Stadt soll schnell über ihre Grenzen hinaus gewachsen sein, hauptsächlich nach Osten, in Richtung Küste.

"Die Gebäude scheinen hier entlang der modernen Via di Roma ausgerichtet gewesen zu sein, die vielleicht den Verlauf der Via Popilia markiert; zu diesen Gebäuden gehörten ein reicher Palastkomplex, der wahrscheinlich dem Präfekten der Flotte gehörte, ein Stadion, Bäder und der Circus." [ebd., 158]

Es sind Zweifel anzumelden: Zur Existenz eines Circus siehe oben. Leider fehlen bis heute archäologische Belege zu einem Circus. Dasselbe gilt für ein Stadion oder Bäder. Auch die Existenz eines Palasts ist - außer in den Schriftquellen - nicht belegt (siehe Abschnitt ... *und Theoderichs Palast?*).

Einige Details der Ergebnisse von CHRISTIE und GIBSON:

"Im Oppidum sind die Ziegel überwiegend rot, während in den späteren Ergänzungen alle Farben vorkommen, wobei in einigen Bereichen sehr helle Ziegel vorherrschen. Das Mauerwerk des Oppidums zeichnet sich durch lange, schmale Ziegel von 50-1 x 5,5-6 cm in den unteren Schichten und kürzere Läufer von 26 und 30 cm darüber aus. Die spätere Mauer ist durchweg aus dickeren Ziegeln gemauert, die hauptsächlich aus Läufern von 27/8, 29/30 und 44 x 6-7,5 cm bestehen, ... Der Bau des späteren Ringes wurde also hauptsächlich mit Ziegeln von 29/30 und 44 cm (1 und 1½ Fuß) ausgeführt." [ebd., 183]

"Es ist vielleicht bezeichnend, dass bei der Untersuchung des Mauerwerks der wichtigsten Monumente von Ravenna (die mit Ausnahme des Mausoleums von Theoderich alle aus Ziegeln errichtet wurden) keine Regelmäßigkeit der Ziegelgrößen zwischen dem fünften und sechsten Jahrhundert festgestellt werden konnte (siehe Anhang). Tatsächlich scheint kein Monument ein Mauerwerk zu besitzen, das direkt mit der Ringmauer vergleichbar ist, und obwohl wir große Ähnlichkeiten mit dem Mauerwerk des Mausoleums von Galla Placidia und S. Giovanni Evangelista feststellen können, sind diese Ähnlichkeiten nicht stark genug, um sichere vergleichende Datierungsnachweise für den Bau der Ringmauern zu liefern." [ebd., 183]

"Im Vergleich zu den gewaltigen Mauern Roms aus dem fünften Jahrhundert und den theodosianischen Landmauern in Konstantinopel (beide natürlich auch kaiserliche Hauptstädte) ist sie jedoch niedrig ... Die relativ geringe Dicke der eigentlichen Mauer (1,9-2,4 m) könnte darauf hindeuten, dass ein Angriff mit Belagerungsmaschinen aufgrund des Schutzes der umliegenden Lagunen unwahrscheinlich war." [ebd., 184]

"In Ravenna wurden zwei Zinnenarten identifiziert, die beide zur späteren Umstrukturierung des Oppidums gehören. ... Es ist nicht möglich, das Datum der Zinnen der Porta Aurea zu bestimmen, aber die Größe der Schießscharten spricht gegen ein frühes kaiserliches Datum. ... Das Fehlen von Zinnen an anderen Stellen der Ravenna-Ummauerung muss nicht unbedingt von Bedeutung sein, sondern kann lediglich zeigen, dass die Mauer in der venezianischen Epoche nur im Bereich des Oppidums wesentlich erhöht wurde." [ebd., 184ff]

"Türme sind ein seltenes, ja sogar das seltenste Merkmal. Auf dem Oppidum-Kreis kommen Tortürme sowohl an der Porta Aurea (1906-08 ausgegraben) als auch an der Porta Salustra

(Episkopium-Turm) vor ... Bei der Untersuchung der wichtigsten noch erhaltenen Streckenabschnitte der Stadtmauer fiel das Fehlen von Türmen an vermeintlichen Schlüsselstellen auf, insbesondere zur Verteidigung von Toren und an Mauerecken." [ebd., 186]

"Die in Ravenna bezeugten einzelnen Tortürme haben jedoch eine eigentümlich mittelalterliche Form und finden nur wenige Vergleiche in spätrömischen Kontexten." [ebd., 188]

"Im Gegensatz zu diesem Mangel an Türmen gibt es eine sehr große Anzahl von Nebentoren und Toren. Im Jahr 1905 verzeichnete Savini neben den Haupttoren mehr als dreißig Nebentore oder bogenförmige Durchgänge in den Mauern." [ebd., 188]

"Ein bedeutendes Element an den Mauern von Ravenna ist das Vorhandensein von halbkreisförmigen Ziegelbögen oder Lünetten mit einem Durchmesser von 50-100 cm. (am häufigsten 90-95 cm), die aus Kopfstücken bestehen, die in der Regel von einem Rahmen aus Ziegelfragmenten eingefasst sind und eine Ziegelfüllung aufweisen. Ihr Fehlen im Kreis des Oppidums sollte darauf hinweisen, dass es sich um ein spätantikes Merkmal handelt. ... Wir müssen daher für eine rein dekorative Funktion plädieren." [ebd., 190]

"Die erste Phase war durch den Bau einer ummauerten Kolonie oder eines Oppidums in der Südwestecke der Stadt gekennzeichnet, die höchstwahrscheinlich vor dem Bau der monumentalen Porta Aurea unter Claudius errichtet wurde. ... Die Spuren einer früheren Ummauerung mit ähnlichen Merkmalen könnten jedoch darauf hindeuten, dass es sich um eine Neuorganisation oder vielleicht eine Neugründung des urbanen Kerns handelte. ... Die zweite Hauptphase bezieht sich auf eine Erweiterung der Stadtmauern, die eindeutig als eine einzige Periode zu betrachten ist. Sie vergrößerte den umschlossenen Bereich von 33 ha auf 166 ha und schuf eine Ringmauer von 4-5 km Länge. Die Regelmäßigkeit der Konstruktion, die Ziegel-, Tor- und Turmtypen sowie das

Vorhandensein von Lünettenmotiven sprechen dafür, dass es sich hier um eine einzige Bauphase handelt. Wir müssen uns auf die literarischen Quellen stützen, um das tatsächliche Datum dieses Baus zu bestimmen." [ebd., 191f]

"Es wäre jedoch unmöglich gewesen, dass Honorius vor der Belagerung der Stadt durch Alarich einen vollständigen neuen Stadtring in Ravenna errichtete, und es erscheint plausibler, dass die bestehenden städtischen Verteidigungsanlagen für diesen Zweck ausreichend waren. Es fehlen urkundliche Belege dafür, dass Honorius den Ring um Ravenna auch nach der förmlichen Verlegung des kaiserlichen Hofes hierher ausgebaut hat. Stattdessen erfahren wir von Honorius' Dichterfürsten Claudian, dass der Kaiser tatsächlich für die umfangreiche Renovierung und Umgestaltung der aurelianischen Mauern der alten Hauptstadt Rom (401-3 n. Chr.) sorgte, ein Bauprogramm, das sowohl epigraphisch als auch archäologisch gut bezeugt ist. Claudian vermerkt kein vergleichbares Programm für Ravenna: Claudian notiert kein vergleichbares Programm für Ravenna: Er berichtet lediglich, dass Honorius, als er sich aufmachte, um sein sechstes Konsulat in Rom zu empfangen, von *'antiguae muros ... Ravennae'*." [ebd., 192]

"In den Jahren 401-2 brauchte Honorius daher vielleicht nicht viel mehr zu tun, als den überlebenden Oppidumskreis zu verstärken, von dem zu diesem Zeitpunkt zweifellos Teile verfallen oder abgerissen worden waren ... Tatsächliche physische Beweise für derartige Umstrukturierungen und Reparaturen gibt es nur wenige ... Dies kann allein aufgrund der Tatsache behauptet werden, dass sich diese Arbeiten sowohl vom Mauerwerk der Kolonie als auch vom Mauerwerk der zweiten Periode unterscheiden, und wir können die Möglichkeit nicht ausschließen, dass es sich um einen Wiederaufbau aus einer ganz anderen Zeit handelt." [ebd., 192f]

"Im Gegensatz dazu gibt es relativ viele Belege für ein umfangreiches Bauprogramm während der Herrschaft von

Valentinian III (425-455) und unter seiner Mutter Galla Placidia (425-450). Noch bedeutender ist, dass der lokale Historiker Agnellus, wie bereits erwähnt, dem Kaiser Valentinian III. später einen massiven Ausbau der städtischen Verteidigungsanlagen in der Zeit des Erzbischofs Johannes I. (ca. 425-440) zuschreibt. ... Leider fehlen uns genaue Baudaten, um die vermutete valentinianische Bauweise zu bestätigen. Für die in Ravenna identifizierten Turm- und Tortypen gibt es keine direkten Parallelen aus dem fünften Jahrhundert, und obwohl das eigentliche Mauerwerk einige Vergleiche mit Bauwerken aus dem fünften Jahrhundert innerhalb der Stadt zulässt, ist eine genauere chronologische Bestimmung nicht möglich." [ebd., 193f]

"Die Bezeichnung 'Murus Novus' muss sich keineswegs auf einen nachrömischen Zusatz beziehen, sondern kann sich durchaus auf die valentinianische Erweiterung beziehen. Falls Valentinians Anlage repariert werden musste, könnte der 'Murus Novus' auch eine von Odoaker vorgenommene Erneuerung bezeichnen, was vielleicht später im Spicilegium aufgegriffen wurde. Bei unserer Untersuchung der Stadtmauern konnten wir jedoch keine derartigen größeren Reparaturen feststellen." [ebd., 194]

Im Bereich der Rocca Brancaleone, einer venezianischen Festung, ist ein Teil der 'Murus Novus' offenbar relativ unversehrt erhalten, da die venezianische Anlage die bestehende Mauer nur verkleidet hat.

"Zwischen diesen beiden Punkten liegt jedoch einer der am besten erhaltenen Teile der Stadtmauer von Ravenna, der durch den Einbau in die venezianische Rocca Brancaleone, die 1457 in die nordöstliche Ecke des Stadtrings eingefügt wurde, erhalten blieb ... Hier ist die antike Mauer, die außen ca. 6 m und innen ca. 4 m hoch ist (vielleicht sogar bis zur Höhe des Wallgangs) und sich über eine Gesamtlänge von ca. 220 m erstreckt, von späteren Reparaturen oder Umstrukturierungen relativ unberührt geblieben." [ebd., 171]

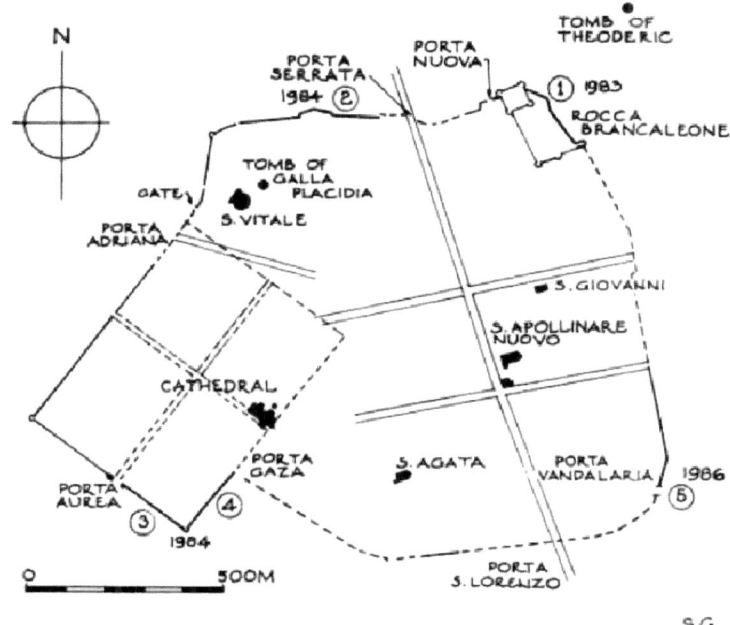

Ravenna. Übersichtsplan der Stadtmauern. Entnommen aus [CHRISTIE/GIBSON, 161]

M. E. lassen die Ausführungen von CHRISTIE und GIBSON nur einen logischen Schluss zu. Die von ihnen beschriebenen Stadtmauerabschnitte sind keinesfalls antik, sondern mittelalterlich, vermutlich frühestens im 13. Jh. (eher noch später) errichtet worden.

"Die Hauptquelle für die Geschichte des frühmittelalterlichen Ravenna, der im 9. Jahrhundert geschriebene *Liber pontificalis* des Klerikers Agnellus, ist von der Rivalität zu Rom geradezu geprägt." [https://www.geschkult.fu-berlin.de/e/fmi/bereiche/mittelalter/ab_esders/lehre/Exkursionen/Ravenna/index.html]

"Agnellus von Ravenna schrieb zwischen 830 und 846 seinen *Liber pontificalis ecclesiae Ravennatis*, der die Geschichte der Kirche und der Kirchen seiner Stadt erzählt." [https://faculty.georgetown.edu/jod/agnellus.int.html]

Die Lebenszeit des Agnellus und die Abfassungs seines "Werks" datiert in die Phantomzeit, was seine Person als fiktiv und seine Schriften als späteres Pseudepigraph entlarven.

"Der *Liber pontificalis ecclesiae Ravennatis* (etwa: ,Buch der Ravennater Bischofskirche') ist ein historisches Werk aus der Feder des Andreas Agnellus, eines Priesters aus Ravenna, das vor der Mitte des 9. Jahrhunderts entstand. Es enthält die Lebensbeschreibungen der 46 Erzbischöfe vom legendären Apollinaris bis zu Georg, dem 846 gestorbenen Erzbischof. Dabei ist jeweils ein Kapitel einem Bischof gewidmet." [https://de.wikipedia.org/wiki/Liber_pontificalis_ecclesiae_Ravennatis]

"Um die Bedeutung Ravennas im Verhältnis zu Rom zu betonen, baut er sein Werk analog zur Struktur des päpstlichen *Liber Pontificalis* auf, imitiert zum Teil dessen Sprache und Struktur." [ebd.]

"Über Agnellus existieren außerhalb seines Werkes keinerlei Angaben. Er selbst taucht an 18 Stellen in seinem *Liber pontificalis* auf ... Die ursprüngliche Handschrift ist verloren. Das Werk ist erst spät, nämlich im gegen 1413 angefertigten Codex Estensis saec. XV überliefert ..., sowie in einem vatikanischen Fragment aus dem 16. Jahrhundert ... Erwähnt wird es immerhin im 13. Jahrhundert." [ebd.]

Die Erwähnung im 13. Jh. würde ich in Frage stellen. Ich gehe davon aus, dass das Pseudepigraph "Agnellus" frühestens im 15. Jh. angefertigt wurde.

Leider haben sich CHRISTIE und GIBSON bei der Interpretation ihrer Untersuchungen an der Stadtmauer durch die konstruierte Geschichte Ravennas in die Irre führen lassen. Als *terminus ante quem* ist der Baubeginn der Rocca Brancaleone 1457 zu sehen.

Ob die unteren Ziegelschichten im Bereich der Oppidum-Mauern noch der Stadtmauer von Kaiser Claudius (oder noch davor) zuzuordnen sind, ist fraglich, aber von mir nicht zu beantworten. Auf jeden Fall wurde die Linienführung der frühen Befestigung in diesen Abschnitten offenbar beibehalten.

Die mittelalterliche Stadtmauer diente nicht mehr der Verteidigung gegen einen Angriff eines äußeren Feindes, sondern nur der Kontrolle des Zugangs zur Stadt zur Aufrechterhaltung von Ordnung und Sicherheit. Die Waffentechnik war zu dieser Zeit so weit fortgeschritten, dass normale Stadtmauern einem massiven Angriff nicht standhalten konnten. Dann hätte man die gesamte Stadt zur Festung mit entsprechenden Festungswerken ausbauen müssen, wie z. B. die Stadt Erfurt, die bis 1873 Festung war. Das ist offensichtlich in Ravenna nicht der Fall.

Auch das Argument, dass die zahlreichen Kirchen, angeblich aus dem 5. und 6. Jh., die die Stadt beherbergt, eine Ummauerung erforderlich machten, ist hinfällig. In [MEISEGEIER 2017, 95ff] habe ich die frühen ravennatischen Kirchen behandelt und diese bis auf San Vitale ausnahmslos dem 12. und 13. Jh. zugeordnet. In o. a. Arbeit hatte ich San Vitale noch in das 10. Jh. datiert, was doch etwas zu früh sein dürfte.

Die bedeutendste Phase in der gesamten Stadtgeschichte Ravennas, die mit dem Umzug des kaiserlichen Hofes unter Kaiser Honorius von Mailand nach Ravenna begann, hat es nie gegeben. Honorius und Valentinian III. haben nie in Ravenna residiert. Die kaiserliche Phase Ravennas ist ein Konstrukt, also nur eine schöne Geschichte. Ravenna war nie kaiserliche Residenz.

Ob der sog. Gotenkrieg, eigentlich der Krieg um die Herrschaft in Italien (und Nordafrika) zwischen Valentinian III. und Justinian I., Ravenna besonders betroffen hat, ist nicht auszumachen. Die gotischen Bestattungen in der Nähe weisen auf die Anwesenheit von Goten hin. Die sog. Rabenschlacht gehört natürlich zu o. a. Konstrukt.

Da Ravenna nicht die herausragende Stellung besaß, die ihr die traditionelle Geschichte zuschreibt, hat der sog. Gotenkrieg die Stadt möglicherweise weniger bis gar nicht betroffen.

Auf jeden Fall war Italien und damit Ravenna nach Beendigung des Gotenkriegs byzantinisch.

Als Reaktion auf den Widerstand in Italien gegen Byzanz gründete Kaiser Maurikios im Jahr trad. 584 n. Chr. (korr. 584-95 = 489 n. Chr.) das sog. Exarchat von Ravenna.

In der globalen Naturkatastrophe 522 n. Chr. (= um 940 u. Z.) wurde das antike Ravenna vermutlich weitgehend zerstört (einschließlich der vielleicht antiken Stadtmauer). Die heutige Stadtanlage ist in nachkatastrophischer Zeit auf den Resten der zerstörten, antiken Stadt entstanden.

Im 11. Jh. wurde Ravenna aufgrund der Küstennähe und dem Vorhandensein eines Hafens, von dem aus Byzanz relativ einfach erreichbar war (ähnlich Aquileia) zu einem wichtigen byzantinischen Stützpunkt

Etwa um 1100 n. Chr. gelang es der römischen Kirche, die byzantinische Kirche und Byzanz endgültig aus Italien zu verdrängen. Die unumschränkte Herrschaft besaß seit dieser Zeit die römische Kirche.

Ravennas geologisches Problem

Ich möchte noch ein geologisches Problem Ravennas ansprechen, das letztlich auch mit dem hier betrachteten Bauwerk, dem sog. Grabmal Theoderichs, zu tun hat.

In mehreren Kirchen Ravennas ist eine beträchtliche Anhebung des Fußbodens im 16. Jh. von 1,2-3,6 m vermerkt (in Sant'Apollinare Nuovo (1,2 m) 1514-1520, San Giovanni Evangelista (1,75 m), Baptisterium der Orthodoxen (3 m), San Francesco (1,7 m), San Michele in Africisco (1,9 m), Dom (>2 m), S. Agatha (2,5 m), Baptisterium der Arianer (2,3 m)).

Es gab offenbar ein großflächiges Absinken des Stadtgeländes, das man durch das Anheben der Fußböden der Kirchen ausgleichen wollte. Das Absinken des Stadtgeländes muss relativ langsam erfolgt sein, da ansonsten die Kirchen der Stadt größeren Schaden davongetragen hätten. Es waren sicher nicht nur die Kirchen betroffen, jedoch ist dieses Phänomen nur für diese dokumentiert, da die Lebensdauer anderer Gebäude wesentlich geringer als bei Kirchen war.

Bemerkenswert ist, dass offenbar nicht die ganze Stadt von den Senkungen betroffen war. So ist z. B. für S. Vitale, Santa Maria Maggiore (unmittelbar östlich von San Vitale gelegen) und das sog. Mausoleum der Galla Placidia (ebenfalls bei S. Vitale gelegen) keine Anhebung des Fußbodens bekannt.

Nicht betroffen übrigens war auch Sant'Apollinare in Classe, das ca. 4,5 km südöstlich von Ravenna gelegen ist.

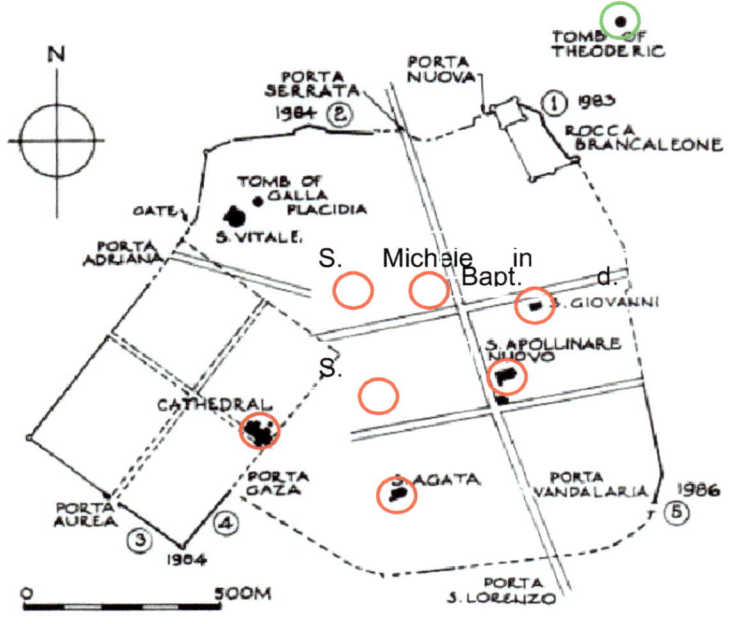

Ravenna. Stadtplan der mittelalterlichen Stadt.
◯ Kirchen, bei denen der Fußboden angehoben wurde
◯ Standort des "Grabmals des Theoderich"

Ich versuche eine Erklärung:
Ravenna lag ursprünglich an einer Bucht der Adria. Der Ursprung der Stadt, das Oppidum, war von der Küste durch eine Lagune getrennt.

"In spätantiker Zeit lag Ravenna durch starke landschaftliche Veränderungen schon etwa einen halben Kilometer vom Meer entfernt ..."
[https://www.geschkult.fu-berlin.de/e/fmi/bereiche/mittelalter/ab_esders/lehre/Exkursionen/monumente/Roemisches_Ravenna.html]

In der lokalen Stadtgeschichte ist das Baugrundproblem anscheinend immer noch unverstanden.

Die starken landschaftlichen Veränderungen erfolgten erst später, m. E. im 15. Jh. Der damalige Abstand zum Meer, genauer der Bucht, war durch die vorgelagerte Lagune bedingt und hatte nichts mit den späteren landschaftlichen Veränderungen zu tun.

Das Oppidum wurde noch weitgehend auf dem Festland errichtet. Dass der Dom und das Baptisterium der Orthodoxen ebenfalls von den Senkungen betroffen waren, belegt, dass selbst der südöstliche Teil des Oppidum bereits auf der Lagune erbaut wurden.

Die Erweiterung der Stadt in der Folgezeit erfolgte bezeichnenderweise zuerst nach Norden (Regio Domus Augustae), nicht nach Osten in die Lagune. Offenbar war man sich des Problems durchaus bewusst.

Nördlich des Oppidums befand man sich anscheinend noch auf dem Festland, wo man ohne große Zusatzaufwendungen bauen konnte.

Da S. Vitale, das sog. Mausoleum der Galla Placidia und S. Maria Maggiore in diesem Gebiet errichtet wurden, waren sie von der Baugrundproblematik nicht betroffen.

Erst die spätere Stadtentwicklung erstreckte sich direkt in das Lagunenareal. Man glaubte, dem Baugrundproblem zu entgehen, indem man die Gebäude auf Pfähle gründete, ähnlich wie in Venedig. Das gelang offenbar nicht sonderlich gut.

Vermutlich war die Pfahlgründung nicht tief genug. Sie reichte nicht bis in den tragfähigen Baugrund. Es verblieb eine breiige, wassergesättigte Schicht darunter. Solange die oberflächige Belastung gering war, war das kein Problem. Mit der wachsenden Belastung aus der Stadtbebauung konnte diese Schicht, die durch den Wassergehalt nicht kompressibel war, nur zur Seite, d. h. in Richtung Adria, ausweichen.

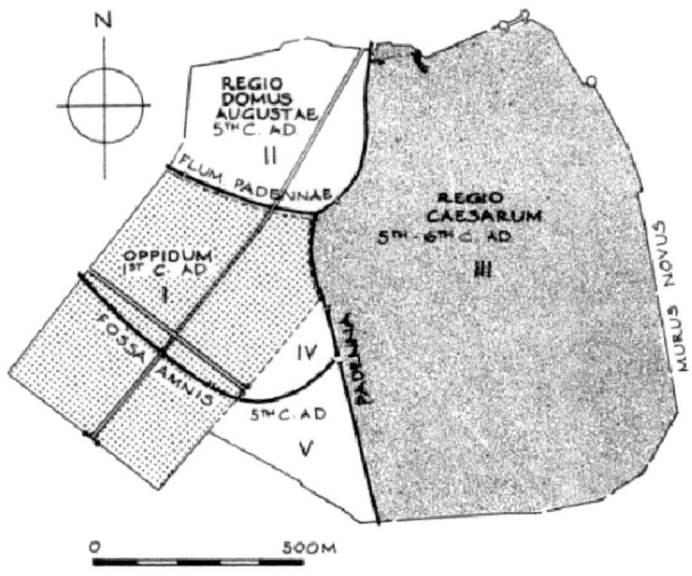

Ravenna, Stadtentwicklung (Rekonstruktion) nach TESTI RASPONI. Entnommen aus [CHRISTIE/GIBSON, 162]

Dieses Ausweichen führte trotz der Pfahlgründung zum einen zu einem langsamen Absinken der Oberfläche im Stadtbereich (nur die Lagune) und zum anderen zu einem Anheben des Geländes unmittelbar vor der belasteten Fläche im Osten, vermutlich ursprünglich eine Einbuchtung der Adria, die infolge dessen "aufgefüllt" wurde und heute nicht mehr als Bucht wahrnehmbar ist. Durch das Absinken der Stadtfläche steigerten regelmäßige Überschwemmungen das Problem.

Dieses Szenario dürfte der Grund für die sog. Verlandung sein, weswegen die Adriaküste heute fast 10 km von der Stadt entfernt ist.

Das arianische Ravenna

Nach der traditionellen Geschichte machten die Goten unter Führung ihres Königs Theoderich Ravenna zu ihrer Residenz. Einig ist man sich, dass die Goten Christen waren. Aber sie waren arianische Christen, also Anhänger eines ketzerischen Christentums. Das stimmt so natürlich nicht.

Hinsichtlich ihrer Religion waren die Goten Christen wie die anderen Christen im Römischen Reich auch. Dieses vorjustinianische Christentum war noch kein einheitliches Christentum, vielmehr gab es eine Vielzahl von verschiedenen christlichen Glaubensrichtungen.
Ich erinnere daran, dass nach meinem Ansatz erst Justinian seinen Katholizismus zur verbindlichen Reichsreligion erklärt hat und in diesem Zusammenhang alle abweichenden Glaubensrichtungen als Arianismus verketzert hat. Das heißt, die Goten wurden erst im Nachhinein von der Geschichte zu Arianern gemacht.

Nun sollen die Goten in Ravenna auch auf dem Gebiet des Kirchenbaus tätig gewesen sein, d. h. sie hätten neben dem Bau des Palastes des Theoderich auch Kirchen gebaut.
Man sollte dabei nicht vergessen, dass die Goten traditionell nur von 493 bis 540 n. Chr. in Ravenna geherrscht haben; das sind insgesamt nur 47 Jahre. Das dürfte die angeblich umfangreiche Bautätigkeit deutlich relativieren, zumal wenn man berücksichtigt, dass ziviles Bauen eine gesicherte Infrastruktur benötigt und in Kriegszeiten im Prinzip nicht stattfindet. Damit dürfte sich die zur Verfügung gestandene Zeit noch deutlich verringern.
Ich erinnere weiterhin daran, dass ich die Errichtung von Kirchenbauten erst im Zusammenhang mit der Begründung der römischen Reichskirche durch Justinian sehe. Das heißt, dass es vor Justinian auch keinen Kirchenbau gab. Die Versammlungsräume der Christen waren bis dahin die sog. Hauskirchen.
Kurz gesagt, bedeutet das, dass es vor Justinian weder Arianer noch Kirchenbauten gab. Der *terminus post quem* für

Kirchenbauten in Ravenna wäre also die byzantinische Eroberung 540 n. Chr.

Theodosius hatte seine Residenz in Mailand. Die Goten und ihr Führer Theoderich dürften in oder nahe Mailand stationiert gewesen sein.

Ravenna als Residenz wäre unlogisch und strategisch kaum nachvollziehbar.
Ich erinnere daran, dass Theoderich "nur" König der Goten war und nie Herrscher über Italien. Als Herrscher über Italien wäre Ravenna als Hauptresidenz noch absurder.
Natürlich hatten die Goten als kaiserliche "Schutztruppe" eine herausragende Stellung.

Nach dem Tod von Valentinian II. 392 n. Chr. wurde Eugenius zum Kaiser ausgerufen. Die Herrschaft des Eugenius beendete Theodosius 394 n. Chr. kurz und bündig. Zuvor hatte er bereits seinen Sohn Honorius zum Grenzkaiser über die zentralen Provinzen ernannt. Die gotischen Truppen sicherten diese Usurpation ab.
Honorius residierte zunächst weiter in dem für ihn sicheren Mailand, auch über den Tod seines Vaters 395 n. Chr. hinaus. Erst 408 n. Chr. erfolgte der Umzug des Kaiserhofs von Mailand natürlich nach Rom und nicht nach Ravenna.
431 n. Chr. starb Theoderich. Die Bemühungen um die Nachfolge in der Führung der Goten waren offenbar chaotisch. Das hatte aber kaum Auswirkungen auf die Herrschaft in Italien. Die Erhebung von Johannes zum Kaiser durch den römischen Senat beendete Theodosius II. kurzerhand und erhob sich selbst zum Grenzkaiser über die zentralen Provinzen. Gleichzeitig beanspruchte der minderjährige Valentinian III. den Thron für sich. Er stand unter der Regentschaft der Schwester des Honorius Galla Placidia und dem Heermeister Aëtius. Den Tod von Theodosius II. 450 n. Chr. überlebte Valentinian III. noch fünf Jahre, bevor er 455 n. Chr. selbst erschlagen wurde. Er war der letzte Westkaiser vor der Machtübernahme durch Byzanz.

Von allen diesen Turbulenzen um die Thronnachfolge dürfte Ravenna weitgehend unberührt geblieben sein.

Ravenna stand natürlich nie unter gotischer Herrschaft. Das schließt natürlich nicht aus, dass sich im Laufe der Zeit auch Goten in der Stadt ansiedelten.
Ravenna war auch keine Residenz für irgendwen, sondern insgesamt bis dahin ziemlich bedeutungslos.

Werfen wir einen Blick auf die angeblich arianischen Kirchenbauten. Als arianische Kathedrale gilt Spirito Santo:

"Ihre Anfänge gehen auf das 5. bis 6. Jahrhundert zurück. Sie war ursprünglich der Anastasis (griechisches Wort für Auferstehung) geweiht und trug – in Anlehnung an die Namen byzantinischer Kathedralen – den Namen *Hagia Anastasis*."
[https://de.wikipedia.org/wiki/Spirito_Santo_(Ravenna)]

"Unter dem Ostgotenkönig Theoderich dem Großen ... war sie die Hauptkirche der Arianer. Zum ursprünglichen Gebäudekomplex des Sakralbaus gehört das etwa dreißig Meter entfernte Baptisterium der Arianer." [ebd.]

"Von dem ursprünglichen Bauwerk, dessen Fußboden um 1,88 Meter tiefer lag, sind einige Mauern und Säulen erhalten geblieben. Von dem etwa 26,40 Meter langen und 17 Meter breiten Innenraum sind durch zwei aus je sieben Säulen bestehende Säulenreihen die beiden Seitenschiffe abgeteilt. 13 dieser höher gelegten Säulen sind Originalsäulen des ursprünglichen Baus; eine Säule wurde aus Cipollino hergestellt." [ebd.]

Die in 1,88 m Tiefe ausgegrabene, dreischiffige Kirche war eindeutig ein Bau der römischen Kirche, die ab ca. 1100 u. Z. in Ravenna herrschte. Zu diesem Bau aus dem 12. Jh. gehört auch das sog. Baptisterium der Arianer, was natürlich mit Arianern nichts zu tun hat.

Beide Bauten sind Opfer des Baugrundproblems geworden. Die Kirche wurde im 16. Jh. umgebaut, wie die anderen Kirchen im Senkungsgebiet auch.

"Neben der Heiliggeistkirche und der Basilika Sant'Apollinare Nuovo, der ehemaligen Hofkirche Theoderichs, hatte den Arianern die Kirche S. *Andrea dei Goti* zur Verfügung gestanden. Letztere wurde im Jahr 1457 von den Venezianern zerstört." [ebd.]

Und die Kirche Sant'Apollinare Nuovo? Ihre Gründung durch Theoderich ist ein Konstrukt. Sant'Apollinare war wie Spirito Santo von vornherein ein Kirchenbau der römischen Kirche, vermutlich ebenfalls im 12. Jh. erbaut. Auch hier versank der mittelalterliche Bau im Untergrund und im 16. Jh. wurde ihr Fußboden um 1,20 m angehoben.

Die byzantinisch anmutende Mosaikausstattung von Sant'Apollinare Nuovo ist der byzantinischen Tradition Ravennas geschuldet. Der Bezug auf Justinian, wie noch in S. Vitale vorhanden, fehlt hier natürlich. Der Bezug auf Theoderich ist ein späteres Konstrukt.

Als Kirche der Goten wird S. Andrea dei Goti erwähnt. Diese Kirche existiert seit dem 15. Jh. nicht mehr.

"Auch diese Kirche in Ravenna existiert nicht mehr; sie wurde von Theoderich mit Steinen und Marmor aus den Mauern des römischen Oppidums und des Jupitertempels erbaut; sie wurde 1457 von den Venezianern abgerissen, die den Schutt für die Fundamente der Rocca Brancaleone verwendeten; andere Kapitelle wurden von den Venezianern über den Säulen des kleinen Palastes angebracht, den sie Ende des 15. Jahrhunderts errichteten und der auf der Piazza del Popolo in Ravenna bewundert werden kann." [https://romagnamania.blogspot.com/2017/03/chiesa-di-santandrea-dei-goti.html]

CAMIZ glaubt, dass Reste der Kirche im südöstlichen Turm (*Torrione Fiorentina* oder *Torre della Ghiacciaia*) der Zitadelle der Rocca Brancaleone noch vorhanden sind.

"Es handelte sich um einen massiven Rundbau mit zentralem Grundriss, der auf den Ruinen eines römischen Gebäudes errichtet wurde, wie in der Chronik beschrieben. Der arianische Bischof *Unimundus* ließ die Kirche im XXIV. Jahr der Herrschaft Theoderichs (518 n. Chr.) außerhalb der Stadt errichten. Nach einer anderen Quelle baute Theoderich selbst die Kirche in der Nähe des Tores der *Tremedula* und die Kirche S. Stefano *de Oliviis*. Die Kirche wurde nach ihrer Konvertierung zum katholischen Kult dem Heiligen Eusebius gewidmet. ... In der Nähe der Kirche wurde im IX. Jahrhundert ein dem Heiligen Andreas geweihtes Kloster errichtet. Das Gebäude selbst wird als *Ecclesia Gothica* in einem anderen Teil der *Chronik* innerhalb der Architekturen, die Theoderich während seiner Herrschaft errichtete, beschrieben ..." [CAMIZ, XXXVII]

"Im 15. Jahrhundert, während des Baus der Rocca Brancaleone, wurde das Gebäude in das Verteidigungssystem der Festung integriert und in einen Festungsturm umgewandelt ..." [ebd., XXXIX]

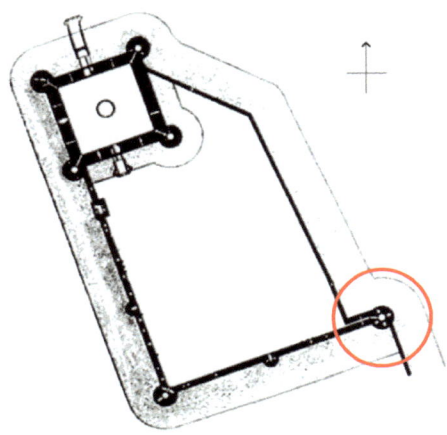

Ravenna, Rocca Brancaleone. (Rot = Torre Fiorentina oder "Eisturm" (*torre della ghiacciaia*)) Entnommen von [https://www.burgenwelt.org/italien/ravenna/object.php#bilder]

Ravenna, Rocca Brancaleone. Torre Fiorentina oder "Eisturm" (*torre della ghiacciaia*). Entnommen von [https://www.burgenwelt.org/italien/ravenna/object.php#bilder]

"Die Einzigartigkeit dieses Gebäudes liegt in der Tatsache, dass es ein beeindruckendes Beispiel für die Kontinuität der Nutzung vom 1. Jahrhundert bis heute darstellt, wo seine ursprüngliche Funktion als Thermenanlage, vielleicht sogar als Teil einer Therme, erhalten geblieben ist, so dass es trotz der völligen Auslöschung seiner Existenz aus dem kollektiven und historischen Gedächtnis die Bezeichnung "Eisturm" beibehalten hat. ... Die Steinverkleidung wurde abgetragen und für die Fundamente der Festung verwendet, aber der Mauerkern blieb erhalten. Tatsächlich steht das Gebäude noch immer. Es handelt sich um ein außergewöhnliches materielles Dokument, vielleicht das einzige gotische Gebäude in Ravenna, das nicht unter den schweren Restaurierungsarbeiten des 19. Jahrhunderts gelitten hat und dank seiner neuen venezianischen Nutzung erhalten blieb. Allein schon seine Form verrät durch das Vorhandensein eines Kuppeldachs und zahlreicher Fenster eine andere Natur als die des Turms, in den er umgewandelt wurde. Eine weitere außergewöhnliche Tatsache sind die zahlreichen Informationen, wie z. B. wer das erste Bauwerk während der Herrschaft von Tiberius (22-37 n. Chr.), Nicostratus und Apollonius, entworfen hat, das Datum (6/11 518) und der Autor (der arianische Bischof Unimundus) seiner Umwandlung in eine gotische Kirche." [CAMIZ, XXXIXf]

NOVARA, die maßgeblich die Kapitelle der Arkaden des venezianischen Palasts an der Piazza del Popolo sowie weiterer ähnlicher im Nationalmuseum Ravennas behandelt, die von der vermeintlichen, ehemaligen Kirche S. Andrea dei Goti stammen sollen, befasst sich auch mit dieser Kirche selbst.

"Die Frage nach der Existenz einer Basilika mit dem Namen "Sant'Andrea dei Goti" verdient eine gesonderte Betrachtung. ... Eine sorgfältige Untersuchung der Quellen über das Leben des Bauwerks kann jedoch zu der Annahme führen, dass der der Kirche zugeschriebene Titel das Ergebnis einer späten Verschmelzung von früheren Titeln ist, die zwei verschiedenen Gebäuden zugewiesen wurden, die zu unterschiedlichen

Zeiten errichtet wurden, und dass die Kirche St. Andreas eine Gründung nach der Herrschaft Theoderichs war. [NOVARA,10ff]

"Aus dem *Liber Pontificalis Ravennatis Ecclesìae*, der in der ersten Hälfte des 9. Jahrhunderts von Andrea Agnello zusammengestellten Sammlung von Biographien der Bischöfe und Erzbischöfe von Ravenna, erfahren wir tatsächlich von der Existenz eines *monasterium Sancti Andree apostoli ... fundatum non longe ab ecclesia Gothorum*. Die Passagen des Proto-Historikers aus Ravenna - die bereits Faniuzzi ins Grübeln gebracht hatten, der sich daraufhin auf die Autorität von Rossi berief - belegen eindeutig, dass sich ein dem heiligen Andreas geweihtes Gebäude *in der Nähe* einer *ecclesìa gothorum* befand, und beweisen auch, dass der Name *gothorum* nicht dem heiligen Andreas zugeschrieben wurde." [ebd.,12]

Die Verwirrungen um diese Kirche gehen eindeutig auf das Pseudepigraph "Agnello" zurück. Es ist davon auszugehen, dass es keine Kirche S. Andrea dei Goti gab.

Auch CAMIZ ist auf die Fälschungen und Pseudepigraphen "hereingefallen". Sondierungen, die 1983 durchgeführt wurden, haben "keine Strukturen freigelegt, die auf die fragliche Kirche zurückgeführt werden könnten." [NOVARA, 20]

Ich halte den Turm der "Rocca" nicht für eine ehemalige Kirche. Der Turm scheint zu der regelmäßigen Zitadellen-Umauerung der Rocca Brancaleone gehört zu haben, die offenbar an ihrer Ostseite nicht fertiggestellt wurde. Stattdessen wurde dort die ältere mittelalterliche Stadtmauer als Kern der venezianischen Mauer wiederverwendet.

Der südöstliche Eckturm (Dog-leg), Torre Fiorentina oder "Eisturm" genannt, wurde nachträglich in die mittelalterrliche Stadtmauerecke integriert [CHRISTIE/GIBSON, 171f], möglicherweise ersetzte er einen früheren Turm der mittelalterlichen Ummauerung. Damit ist es ausgeschlossen, dass er ein antiker Bau oder eine Kirche war. Ich halte ihn für gleichzeitig mit der Rocca Brancaleone (15. Jh.).

Die Vermutungen von CAMIZ dürften sämtlich nicht zutreffend sein. Die Kirche bleibt weiterhin verschwunden. Die Namensähnlichkeit mit dem o. a. Kloster St. Andreas lässt eher einen Zusammenhang mit diesem vermuten, das natürlich keine Gründung des 9. Jh. war, sondern frühestens des 12. Jh.

Im Ergebnis ist festzustellen, dass es in Ravenna keine arianische Kirche gegeben hat und nicht gegeben haben kann.

Und die Kapitelle, insbesondere die mit dem Monogramm Theoderichs?

Noch einmal NOVARA: Sie führt insgesamt 12 Kapitelle auf, von denen 8 in den Arkaden des venezianischen Palastes an der Piazza del Popolo verbaut sind (davon 3 mit dem Monogramm Theoderichs), 3 weitere sich im Nationalmuseum von Ravenna befinden (davon 2 mit dem Monogramm Theoderichs) und ein letztes in der Kirche Cesato di Faenza, Pieve di San Giovanni Battista.

"Der Bau des Palazzetto, der 1463 fertiggestellt wurde, war Teil des Programms zur städtischen Umstrukturierung Ravennas, das von den Venezianern zum Zeitpunkt der endgültigen Annexion der Stadt (1441) durchgeführt wurde und darauf abzielte, ein neues Zentrum des politischen und wirtschaftlichen Lebens zu schaffen." [NOVARA, 7]

"Dieser Kapitelltyp, der in den Gebieten der direkten byzantinischen Abhängigkeit nur begrenzt verbreitet war, hat seine bekanntesten Vorläufer in Syrien und Kleinasien bereits im 2. Jahrhundert. Besonders dokumentiert in Konstantinopel und Thessaloniki, findet die Variante mit den so genannten

'Schmetterlingsblättern' ausschließlich in der byzantinischen Hauptstadt und in Ravenna Beispiele. In dieser Stadt sind neben den fraglichen Stücken vierundzwanzig ähnliche Exemplare an den Säulen der Basilika Sant'Apollinare in Classe erhalten. ... Für die letztgenannten Produkte haben jüngere Kritiker eine externe Herkunft und eine Verarbeitung in orientalischen Werkstätten, vermutlich in Konstantinopel, angenommen. Was die Datierung betrifft, so sind sie den Jahren vor der Weihe der Basilika zuzuordnen, die 549 stattfand." [ebd., 4f]

"Es ist daher anzunehmen, dass diese Produkte in byzantinischen Werkstätten hergestellt und im Auftrag Theoderichs nach Ravenna importiert wurden." [ebd., 22]

Ich denke, dass die traditionelle Forschung sich bei der Datierung der Kapitelle im Irrtum befindet. Ich halte die Kapitelle des venezianischen Palastes - auch die mit dem Monogramm Theoderichs - für bauzeitlich, d. h. im 15. Jh. entstanden. Sie sind m. E. keine Spolien.

Kapitell am venezianischen Palast an der Piazza del Popolo in Ravenna mit Theoderich-Monogramm

Insbesondere die Monogramme Theoderichs auf den Kapitellen weisen die Richtung für die Einordnung der

Kapitelle. Ähnliche Monogramme sind in Konstantinopel zu finden, dort mit den Monogrammen Justinians und Theodoras.

Die betreffenden Bauten in Konstantinopel, z. B. die Irenenkirche und die Sergios-und-Bakchos-Kirche, habe ich in die Zeit nach 1261, der Rückeroberung von Konstantinopel von den Kreuzfahrern durch Nikaia, datiert (siehe [MEISEGEIER 2023, 219ff]). Durch die Aufbringung der Monogramme Justinians und der Theodora beabsichtigte man, an die ruhmreiche Vergangenheit des untergegangenen Byzantinischen Reichs anzuknüpfen, als dessen Fortführer man sich offenbar sah.

Die Bauten in Konstantinopel dürften damit in das 14./15. Jh. rücken. Mit dem 15. Jh. sind wir in der Zeit der Errichtung des venezianischen Palastes in Ravenna.

Mit der Annahme der Forschung, dass die Kapitelle von byzantinischen Handwerkern ausgeführt wurden, stimme ich überein. Ich glaube jedoch, dass die Vermittlung über Venedig erfolgte und nicht direkt.
Im 15. Jh. wurde Konstantinopel von den Osmanen bedrängt. Traditionell wird die Einnahme Konstantinopels durch die Osmanen 1453 datiert. Vermutlich flohen bereits im Vorfeld große Teile, vorwiegend sicher der wohlhabenden Bevölkerung in Richtung Westen. Venedig war möglicherweise ein bevorzugtes Ziel. Immerhin hatten maßgeblich die Venezianer während des sog. Lateinischen Kaiserreichs lange Zeit die Geschicke in Konstantinopel bestimmt.

Mit dem Bauprogramm Venedigs in Ravenna kamen byzantinische Handwerker zum Einsatz, die natürlich ihre Bautradition mitbrachten. Ähnlich wie in Konstantinopel wollte man an eine große Vergangenheit erinnern, indem man auf einigen Kapitellen das Monogramm Theoderichs platzierte. Die Legende um Theoderich in Ravenna war zu dieser Zeit bereits in der Historie verankert.

Eine byzantinische Kirche in Ravenna - San Vitale

Wenn der monumentale Kirchenbau frühestens mit Justinian beginnt, wäre zu fragen, ob in Ravenna eventuell einer dieser ersten Kirchenbauten errichtet wurde.

Justinian tritt 432 n. Chr. die Herrschaft in Konstantinopel an, jedoch erst nach den sog. Gotenkriegen (456/457 n. Chr.) konnte er sich in Italien durchsetzen. Italien wurde dadurch formal byzantinisch. Justinian residierte jedoch nicht in Rom. Italien war nur eine byzantinisch besetzte Provinz.

Wie schon unter den vorangegangenen Kaisern war Ravenna anfänglich auch unter byzantinischer Besetzung ein relativ unbedeutender Ort. Als Standort eines sehr frühen Kirchenbaus kam Ravenna mit Sicherheit nicht in Frage. Einzig und allein Rom spielte für Justinian eine gewisse Rolle. Immerhin wählte er Rom als Sitz eines der fünf von ihm gegründeten Patriarchate.

Mit der Gründung des Exarchats von Ravenna durch Kaiser Maurikios 489 n. Chr. wuchs auch die Bedeutung Ravennas für Byzanz, insbesondere aufgrund des dortigen Hafens. Das Herrschaftsgebiet von Byzanz war bis zum 11. Jh. auf ein Restgebiet um Rom und Ravenna zusammengeschrumpft. Aufgrund seines Hafens wurde Ravenna für die Verbindung nach Byzanz lebensnotwendig.

"Später nutzte ihn (den Hafen - MM) auch noch die Byzantinische Marine. Nachdem die Langobarden 751 das Exarchat Ravenna erobert hatten, verfiel der Hafen und verlandete schließlich."
[https://de.wikipedia.org/wiki/Hafen_Ravenna]

Natürlich haben die Langobarden mit der Sache nichts zu tun. Der Verfall des Hafens dürfte nach dem Abzug der Byzantiner erfolgt sein. Zur Verlandung der Lagune siehe Abschnitt *Ravennas geologisches Problem*.

Ich gehe aber davon aus, dass in Ravenna vor der globalen Naturkatastrophe von 522 n. Chr. kein Kirchenbau entstand. Ich denke, dass das religiöse Leben zunächst einfach weiterging wie vorher.

Unmittelbar nach der o. a. Katastrophe gab es dann vermutlich wichtigere Bauvorhaben als Kirchenbauten. Ich denke, dass frühestens im 11. Jh. der Bau von Kirchen wieder aktuell wurde. Bis dahin hatte man sich von dem großen Schock und den dramatischsten Folgen einigermaßen erholt.

Erst im 11. Jh. sehe ich einen ersten Kirchenbau in Ravenna.

Eindeutig outet sich - von seiner Zentralbauform her - nur San Vitale als byzantinischer Bau. Die relativ komplexe Grundrissgestaltung deutet auf einen späteren, nachkatastrophischen byzantinischen Bau hin. In [MEISEGEIER 2023, 25ff] habe ich versucht, die Anfänge des byzantinischen Kirchenbaus zu umreissen.

Ravenna, S. Vitale. Grundriss aus [EFFENBERGER, 245]

Die Kirche Sergios und Bakchos in Konstantinopel als Vorbild für San Vitale fällt aus. In [MEISEGEIER 2023, 237ff] habe ich Sergios und Bakchos nach 1261 u. Z. datiert.

Die traditionelle Datierung von San Vitale entstammt späteren, gefälschten Schriftquellen. Für die Baugeschichte ist diese ohne Wert.

In [MEISEGEIER 2017, 109ff] hatte ich mich schon einmal mit San Vitale befasst und den Bau zu früh, in das 10. Jh., datiert. Damals hatte ich San Vitale noch als Memorialbau für Justinian eingeordnet. vermutlich war San Vitale kein Memorialbau sondern "nur" die Hauptkirche von Ravenna. Die Bezugnahme auf Justinian bei der musivischen Ausstattung war für solche Bauten vielleicht obligatorisch.
Bezüglich der Datierung möchte ich mich korrigieren. Den Bau von San Vitale sehe ich nicht schon im 10. Jh., sondern später, vermutlich um die Mitte des 11. Jh. begonnen. Seine weitgehende Fertigstellung sehe ich noch vor 1100 u. Z., d. h. vor dem Rückzug der Byzantiner aus Italien, da seine Mosaikausstattung noch deutlich auf Byzanz und Justinian verweist.

Ich halte San Vitale weiterhin für den frühesten Kirchenbau in Ravenna. Nach dem Rückzug der Byzantiner übernahm die römische Kirche den Bau und widmete diesen dem hl. Vitalis. In diesem Zusammenhang wurde sicher auch das Apsismosaik erneuert.

Vermutlich war die Übernahme durch die römische Kirche der Grund für die "Zurückhaltung" bei der Schaffung der traditionellen Baugeschichte. Die byzantinische Vorgeschichte musste durch die Erfindung einer ganz neuen Baugeschichte ausgelöscht werden. Offenbar war Theoderich noch das kleinere Übel.

... und Theoderichs Palast?

"Der sogenannte Palast Theoderichs ... ist ein als Museum genutztes historisches Gebäudefragment in der oberitalienischen Stadt Ravenna, das eine Zeit lang als Teil des Palasts Theoderich d. Gr. angesehen worden war.
Das aus dem 8. Jahrhundert stammende Gebäudefragment hat eine 20 Meter lange Fassade und steht am Rande des kaiserlichen Areals von Ravenna, auf dem bereits der Palast der Regentin Galla Placidia und später auch der Palast Theoderichs (ein anderes Gebäude) gestanden hatte. Aufgrund seiner Lage in unmittelbarer Nachbarschaft der Hofkirche Theoderichs, San Apollinare Nuovo, und wegen einer gewissen Ähnlichkeit seiner Fassade mit einer Mosaikdarstellung des Palasts des Theoderich, die in S. Apollinare Nuovo erhalten geblieben ist, war das Gebäude in der Vergangenheit irrtümlich als Teil des Palasts Theoderichs angesehen worden. Der ursprüngliche Zweck des Gebäudes ist nicht eindeutig geklärt. Mehrere schlichte viereckige Kapitelle der in der Fassade verbauten Säulen sind mit dem Kreuzsymbol versehen worden, was den Schluss zulässt, dass das Gebäude einem kirchlichen Zweck gedient hatte. Italienische Historiker und die Stadtverwaltung von Ravenna gehen gegenwärtig davon aus, dass es sich um einen Teil der verschwundenen Kirche San Salvatore ad Calchi handelt." [https://de.wikipedia.org/wiki/Sogenannter_Palast_Theoderichs]

"... eine der Thesen ... geht nämlich davon aus, dass die Überreste, die wir hier vor uns haben, zu dem Narthex gehörten, der den Eingang zu der Kirche San SALVATORE bildete; ein großer dreischiffiger Bau von dem man Reste im Laufe der Ausgrabungen gefunden hat. Diese ist wohl von allen Thesen die überzeugendste." [BENDAZZI/RICCI, 137]

Die Porphyrwanne, die heute im sog. Grabmal des Theoderich aufgestellt ist, war ursprünglich im sog. Palast des Theoderichs in der Stadt, in der Nähe von Sant'Apollinare Nuovo eingemauert gewesen. Sie soll dort 1633 eingelassen worden sein [BOVINI, 21]. Diese Datierung passt recht gut für einen möglichen Neubau der Kirche. nachdem die alte Kirche aufgrund der Senkungen aufgegeben wurde.

Natürlich ist das "Gebäudefragment" nicht aus dem 8. Jh., sondern gehörte mit Sicherheit zu einem Neubau der Kirche im 16./17. Jh.

Es ist also auch nach konventioneller Sichtweise klar, dass der sog. Palast Theoderichs mit diesem nichts zu tun hat.

Selbstverständlich ist damit die Legende vom Palast des Theoderich noch lange nicht vom Tisch.

Als Reste des wirklichen Palasts des Theoderich identifiziert die Forschung bei Grabungen in der Nähe von S. Apollinare Nuovo aufgedeckte Fundamente.

Die Universität Bayreuth befasste sich 2016 mit dem Thema "Theoderichs Ravenna" und äußerste sich auch zu dem angeblichen Palast.

"... ergibt sich bei Theoderichs Palast das Problem, dass dieser bei Grabungen nur teilweise rekonstruiert werden konnte und sich einige Charakteristiken nicht mehr gesichert klären lassen, wodurch die Forschung sich demensprechend teils nur auf Indizien stützen muss." [BRUNHUBER, 1]

"Die genaue Lage beziehungsweise der exakte Umfang der Anlage ist nach wie vor nicht gänzlich archäologisch gesichert, jedoch scheint sich der echte Palast Theoderichs im Osten Ravennas hinter *Sant'Apollinare Nuovo* angeschlossen haben. Es handelte sich hierbei im Wesentlichen um eine offene, nonaxial angelegte Villenstruktur mit mehreren Gebäudegruppen und vielen Freiflächen.
So unterteilte Augenti die Entstehungsgeschichte des Palastes bis zu Theoderichs Zeit in insgesamt fünf Phasen." [ebd., 7f]

"Problem bleibt, neben den dürftigen archäologischen Funden, dass auch die Quellenlage zu Theoderichs Palast überschaubar ist." [ebd., 9]

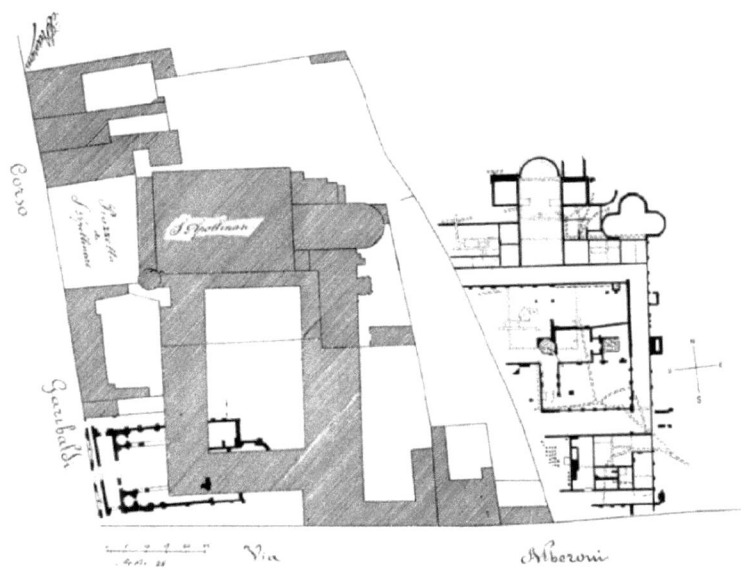

Lageplanausschnitt. Ergrabene Fundamente des Palasts Theoderichs (rechts). (links - Sant'Apollinare Nuovo) Grabungspaln von GHIRARDINI. Entnommen aus [PFERSCHY, Abb. 2]

Wenn BRUNHUBER auf AUGENTI verweist, ist es sicher besser, sich direkt AUGENTI vorzunehmen, der die Grabungen von GHIRARDINI zu Beginn des 20. Jh. neu bewertet hat.

"Die Ausgrabungen dieses imposanten Bauwerks haben eine Reihe von interessanten Fragen aufgeworfen. Sie wurden zwischen 1908 und 1914 auf einer Fläche von etwa 400 m^2 durchgeführt ... und führten zur Entdeckung zahlreicher

Mauern, Mosaike und *opus sectile*-Pflaster. Über diese Entdeckungen wurde jedoch nur sehr wenig veröffentlicht; die Publikationen befassten sich vielmehr mit den Mosaiken, die vor allem nach stilistischen Kriterien datiert wurden." [AUGENTI, 425ff]

"Auch wenn die Ausgrabung in grafischer Hinsicht gut dokumentiert ist, lässt das schriftliche Material, das sie hervorgebracht hat, viel zu wünschen übrig. Dieses beschränkt sich auf eine Abhandlung von Ghirardini (die einzige jemals veröffentlichte Beschreibung und Analyse der Stätte), einen Text von G. Nave, einem Grabungshelfer, einen Bericht von P. Zauli (1908-1909) und A. Gordini (1910) und schließlich ein "Tagebuch" von G. Berti, einem Gelehrten der Topographie von Ravenna." [ebd., 427f]

"In unserem Fall hat das Fehlen von Informationen über Schwellen die Rekonstruktion der internen Zirkulationsmuster unmöglich gemacht. Gleichzeitig hat das Fehlen eines stratigraphischen Ansatzes (im eigentlichen Sinne) während der Ausgrabung ... verhindert, dass wir die stratigraphischen Beziehungen richtig dokumentieren konnten. Schließlich hat die fast vollständige Vernachlässigung der Kleinfunde, insbesondere der Keramik, unsere Bemühungen um eine absolute Chronologie zunichte gemacht. Folglich sahen wir uns gezwungen, jede in diesem Artikel vorgestellte Phase ausschließlich nach stilistischen Gesichtspunkten zu datieren (nämlich nach den von Berti untersuchten Mosaiken): eine notorisch unzuverlässige Methodik für einen stratigraphischen Archäologen." [ebd., 428]

Nachfolgend die von AUGENTI gesehenen Bauphasen und die von ihm vorgeschlagene Datierung dieser:

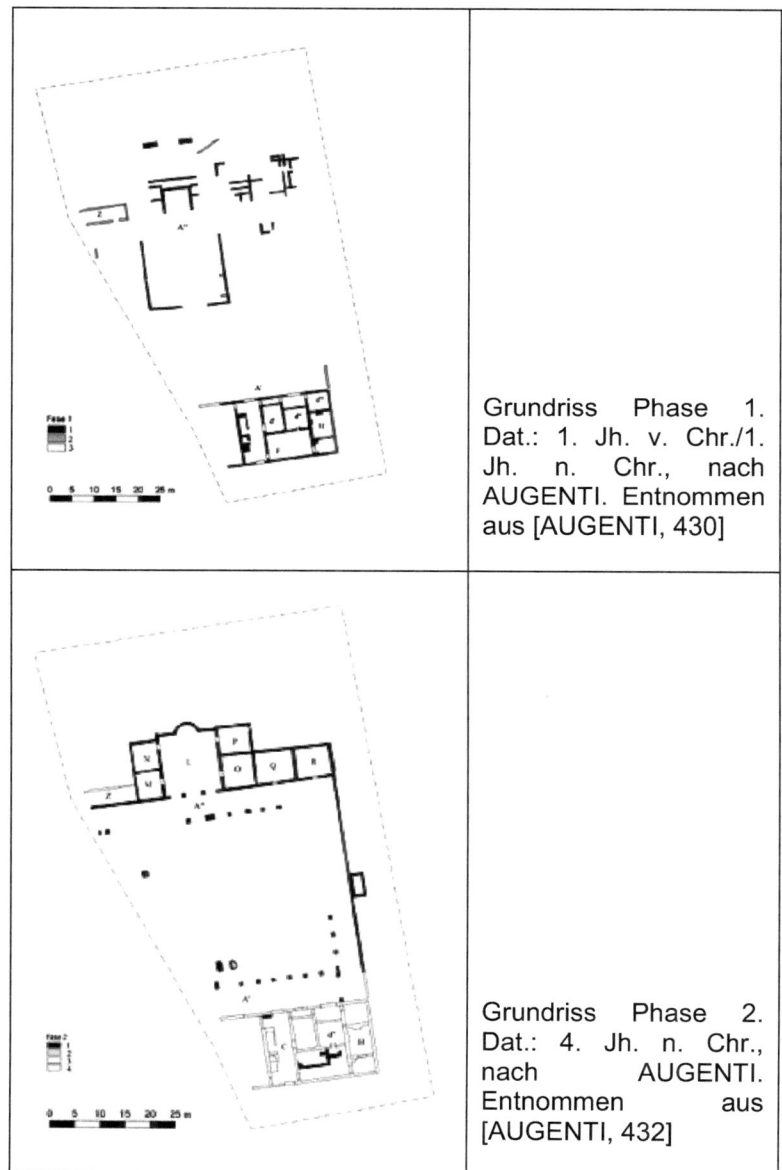

Grundriss Phase 1. Dat.: 1. Jh. v. Chr./1. Jh. n. Chr., nach AUGENTI. Entnommen aus [AUGENTI, 430]

Grundriss Phase 2. Dat.: 4. Jh. n. Chr., nach AUGENTI. Entnommen aus [AUGENTI, 432]

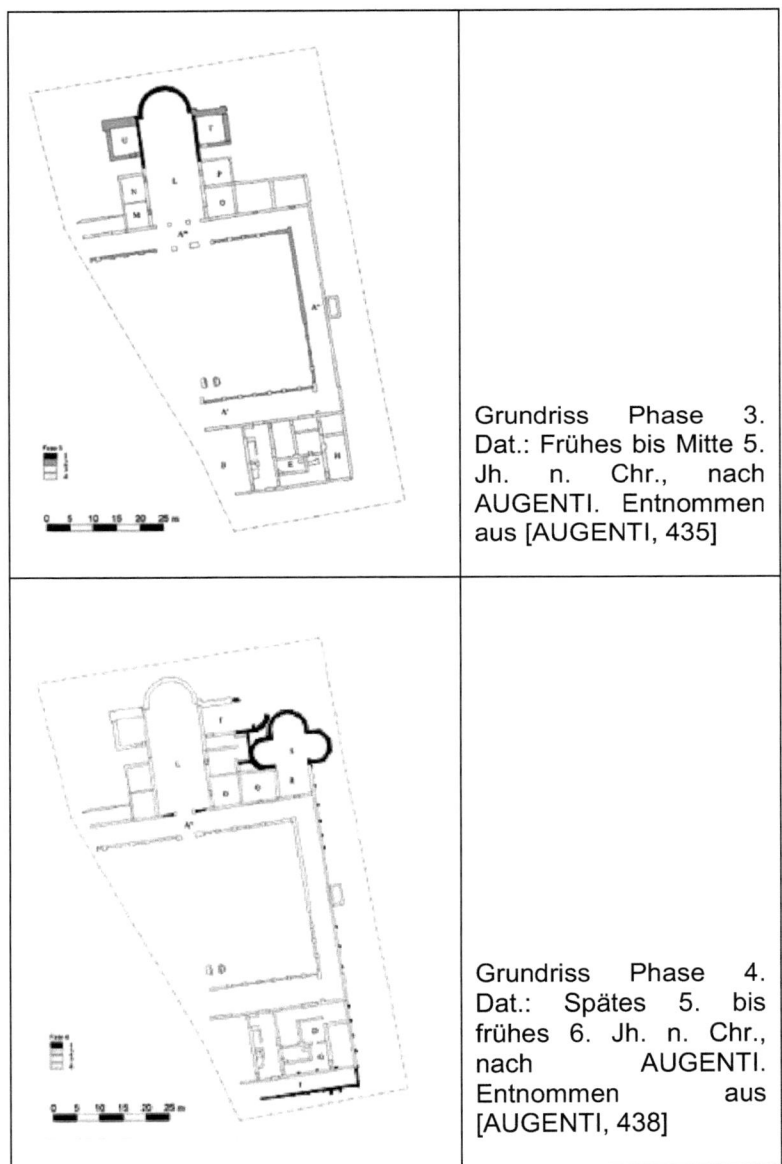

Grundriss Phase 3. Dat.: Frühes bis Mitte 5. Jh. n. Chr., nach AUGENTI. Entnommen aus [AUGENTI, 435]

Grundriss Phase 4. Dat.: Spätes 5. bis frühes 6. Jh. n. Chr., nach AUGENTI. Entnommen aus [AUGENTI, 438]

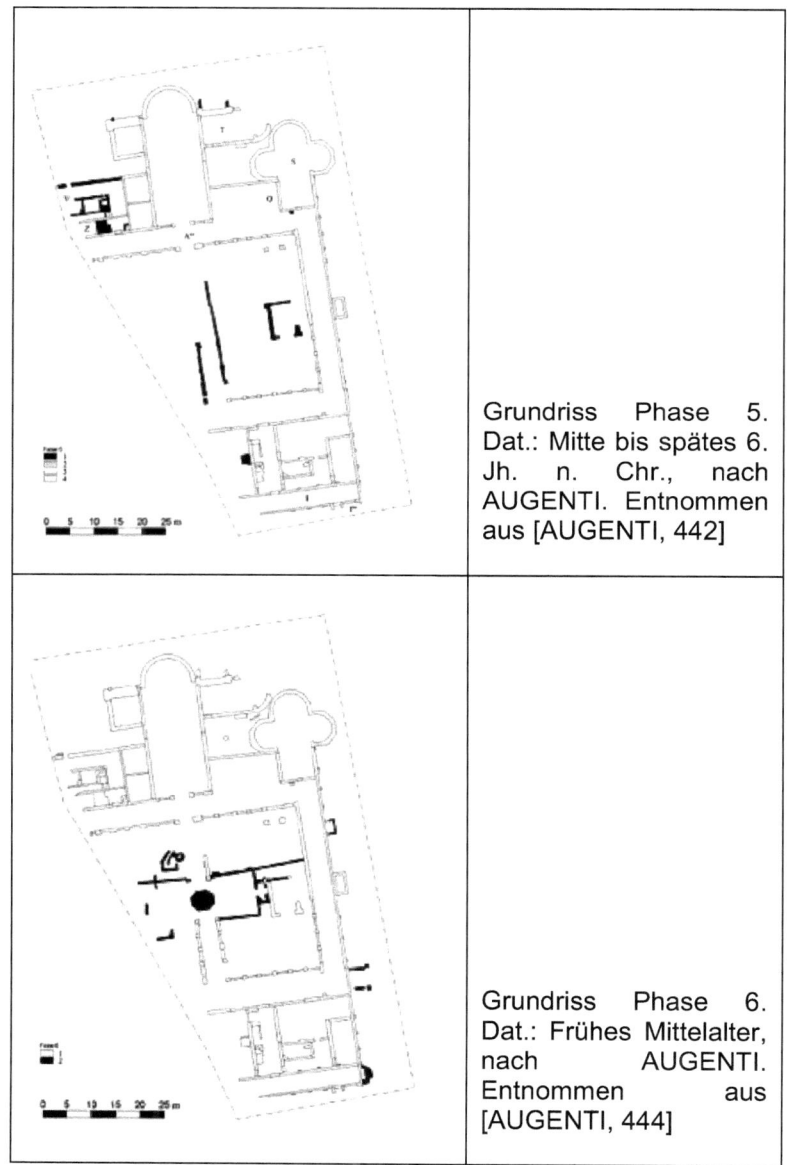

Grundriss Phase 5. Dat.: Mitte bis spätes 6. Jh. n. Chr., nach AUGENTI. Entnommen aus [AUGENTI, 442]

Grundriss Phase 6. Dat.: Frühes Mittelalter, nach AUGENTI. Entnommen aus [AUGENTI, 444]

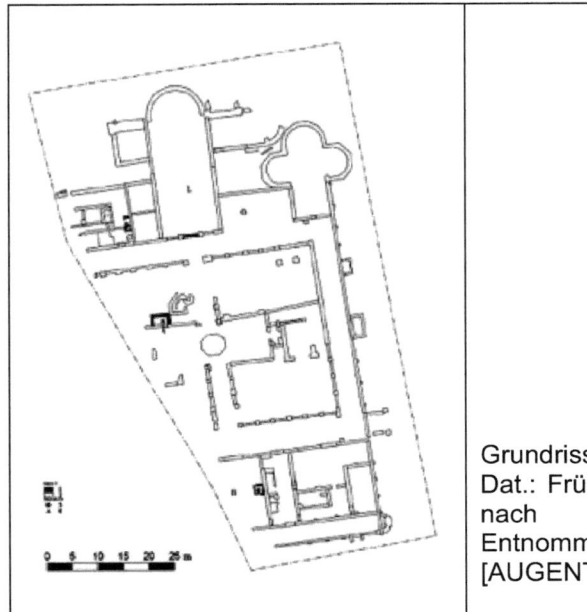

Grundriss Phase 7.
Dat.: Frühes Mittelalter,
nach AUGENTI.
Entnommen aus
[AUGENTI, 446]

"Aus der Lage der identifizierten Strukturen und den verschiedenen Restaurierungsprojekten, denen sie unterzogen wurden, lässt sich schließen, dass in der frühen Kaiserzeit zwei Gebäudekomplexe existierten. Nur einer davon lässt sich mit Sicherheit als Vorstadtvilla innerhalb des bewohnten Gebiets von Ravenna identifizieren. Erst in der zweiten Periode wurden die beiden Gebäude zusammengelegt. Dies scheint im Laufe des 4. Jh. geschehen zu sein, einer Zeit, in der sich der große Komplex, der nun eine einzige Villa bildete, noch in der Vorstadt Ravennas befand; er war noch nicht von der Stadtmauer umgeben, die Anfang bis Mitte des 5. Jh. errichtet wurde. Die Situation änderte sich in der ersten Hälfte des 5. Jh., als die Residenz weiter monumentalisiert wurde, u. a. durch die Hinzufügung eines großen Apsidensaals, der mit einem hochwertigen *opus sectile*-Pflaster verziert war. Mit diesem Projekt wurde die

Notwendigkeit erfüllt, den Komplex mit einem geeigneten öffentlichen Audienzsaal auszustatten. Der Komplex könnte also bereits zu diesem frühen Zeitpunkt als kaiserlicher Palast fungiert haben, auch wenn dies nicht eindeutig nachgewiesen werden kann.

Die letzten großen Umbauten gehen auf die Herrschaft des gotischen Königs Theoderich zurück. In dieser Zeit wurden Räume mit apsidalem und trikonchialem Grundriss innerhalb früherer Strukturen errichtet. Die materiellen Zeugnisse untermauern verschiedene topografische Hinweise in den frühmittelalterlichen und späteren schriftlichen Quellen, die darauf hindeuten, dass der Komplex tatsächlich als Theoderichs Palast diente. Zu den sukzessiven Veränderungen und Umgestaltungen dieser Phase gehörten insbesondere der Bau zusätzlicher Räume, die Veränderung der internen Verkehrswege durch die Versperrung von Türöffnungen und der Einbau von Mosaikpflastern, durch die das Bodenniveau des Komplexes angehoben wurde.

Es wurden auch bedeutende Spuren des Verfalls des Komplexes entdeckt. Sie lassen sich im Allgemeinen in das frühe Mittelalter datieren und umfassen Bestattungen und Pfostenlöcher, die leider nicht auf Strukturen zurückgeführt werden können, die weder im Grundriss noch in ihrer Funktion sicher identifizierbar sind. Trotz dieser Veränderungen wissen wir aufgrund der schriftlichen Quellen, dass der Palast in Ravenna mindestens bis zur Mitte des 8. Jh. in Betrieb war."
[AUGENTI, 449f]

"In Anbetracht der verschiedenen illustren Bewohner des Palastes von Ravenna könnte es sinnvoll sein, Phase 2 des nördlichen Saals der Honorianischen Periode zuzuschreiben (gekennzeichnet durch den kleinen Apsidensaal), Phase 3 der Mitte des 5. Jh. (mit einer Vergrößerung desselben Apsidensaals) und Phase 4 in die Regierungszeit von Theoderich (wie oben vorgeschlagen). Eine solche Schlussfolgerung scheint die schriftlichen und archäologischen Quellen zu bestätigen, die darauf hindeuten, dass der frühe Palast nicht besonders majestätisch war, was in einer neuen Hauptstadt, die dringend einen angemessenen Sitz der Macht benötigte, vielleicht nicht verwunderlich ist. Erst in einer zweiten Periode wurde der Komplex vergrößert und reichhaltiger ausgestattet.

Diese Zuordnung der Bauphasen zu den literarischen Quellen ist jedoch mehr als problematisch. Es sei darauf hingewiesen, dass diese Rekonstruktion einem der traditionellen Eckpfeiler für die Datierung von Phase 3 widerspricht, nämlich der Zuordnung des *opus sectile*-Pflasters im großen Apsidensaal L zur Zeit des Honorius. Diese Chronologie stützt sich auf die große Ähnlichkeit dieses Pflasters mit dem des *triclinium* in der *Domus Augustana* in Rom, eine zutreffende Beobachtung, die durch andere Vergleiche nicht widerlegt werden kann. Die Tatsache, dass es keine bekannten Pflasterungen dieses Typs gibt, die auf die Mitte des 5. Jahrhunderts datiert werden können, lässt jedoch zumindest Zweifel an dieser Schlussfolgerung aufkommen. Aus erkenntnistheoretischer Sicht ordnet diese Rekonstruktion (nach der die Phase 2 in die Honorianische Zeit zu datieren ist) letztlich die archäologischen Beweise den schriftlichen Quellen unter. Es bleibt nämlich äußerst schwierig, eine genaue topographische Beziehung zwischen dem Palast des Theoderich und dem Palast von Valentinian III. herzustellen, den Andrea Agnello an einem anderen Ort, in *ad Laurela*, nicht weit von der Porta Vandalaria, ansiedelt: Es gibt also keinen Grund zu der Annahme, dass der spätkaiserliche Palast und sein ostgotischer Nachfolger denselben Ort belegten." [ebd., 450f]

"Unserer Meinung nach ist dies ein entscheidender Schritt auf dem Weg zu gesicherten Erkenntnissen über die Chronologie und die Beschaffenheit eines Komplexes, über den zwar viel geschrieben wurde, für den aber keine ausreichenden Beweise vorliegen." [ebd., 451]

Wikipedia (Sog. Palast Theoderichs) enthält eine Skizze, die im sog. Palast des Theoderich ausgestellt ist, die die bei den

Ausgrabungen von 1907/11 freigelegten Fundamente des tatsächlichen Palasts des Theoderich zeigen soll.

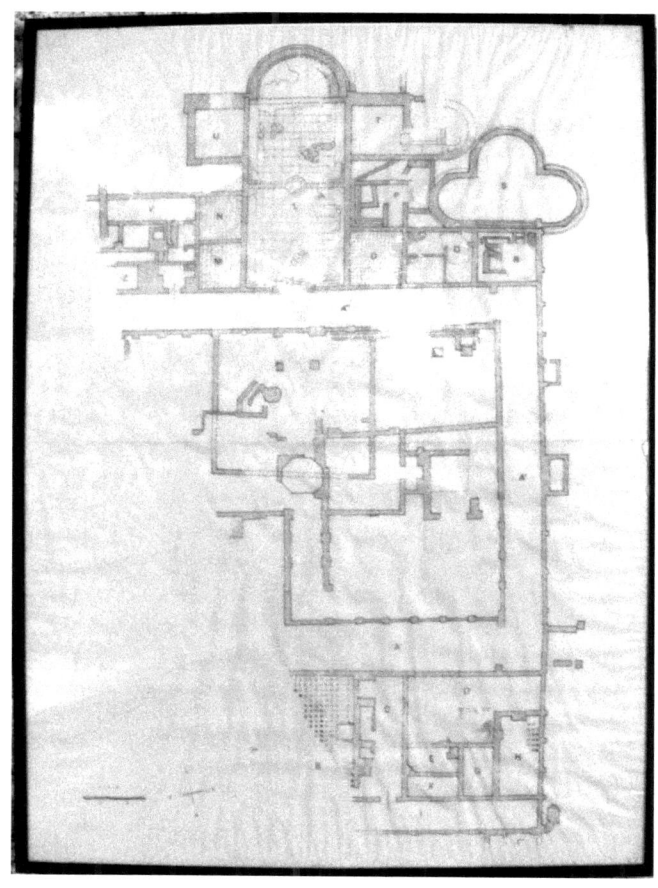

Ravenna, im sog. Palast des Theoderich ausgestellte Skizze der bei den Ausgrabungen freigelegten Fundamente des Palastes. Entnommen (bearbeitet) von [https://de.wikipedia.org/wiki/Sogenannter_Palast_Theoderichs]

Wie AUGENTI zugibt, erfolgt die Zuordnung der Phase 2 zu Honorius allein aufgrund der Schriftquellen. Die Archäologie kann diese Zuordnung nicht belegen, m. E. auch nicht die zu Theoderich.

Letztlich muss man konstatieren, dass die Zuordnung der ergrabenen Fundamente und Fußböden einer früheren Bebauung zu irgendeinem Herrscher nicht gelungen ist. Selbst, dass es sich um einen Palast gehandelt hat, muss konsequenterweise angezweifelt werden.

Die Ausrichtung der ergrabenen Strukturen stimmt anscheinend mit der Ausrichtung des heutigen (mittelalterlichen) Straßennetzes in etwa überein.

Auffällig bei Phase 1 im nördlichen Bereich ist das 7 m(!) tiefere Niveau einiger Mauern und des zugehörigen Fußbodens. Selbst wenn man die im 16. Jh. "korrigierte" Senkung (Sant'Apollinare Nuovo: 1,20 m) abzieht, verbleiben noch 5 bis 6 m Tiefe.

"Ein Teil des Areals bestand aus einer Reihe von Mauern, die in eine ähnliche Richtung ausgerichtet waren. Diese waren mit einer *opus spicatum*-Oberfläche verbunden, die auf den Fotografien auf einem niedrigeren Niveau zu liegen scheint, 7 m tiefer als der im Raum A''' bezeugte Boden." [AUGENTI, 429]

Die Frage stellt sich mir, wie das möglich ist, mitten in der Lagune Bauten in 5-6 m Tiefe.

Ist es denkbar, dass diese tiefen Strukturen vorkatastrophisch sind und alle anderen, höher gelegenen, nach der globalen Naturkatastrophe von 522 n. Chr. (= um 940 u. Z.) einzuordnen sind? Dass die tiefe Lage durch die Katastrophe verursacht wurde, z. B. durch angeschwemmtes, abgelagertes Material, das vielleicht zusätzlich eine Absenkung des Bodens verursacht hat?

Die Stadtentwicklung Ravennas glaubt an die frühere Existenz eines römischen Circus in Ravenna, der sich im Osten Ravennas, außerhalb der Stadtbefestigung, befunden haben soll (siehe Abschnitt *Ravenna - eine alternative Stadtgeschichte/Stadtentwicklung*). Vielleicht gehören diese frühen Strukturen einem dem Circus zuzuordnenden Bau.
Vielleicht hat man den Circus noch nicht gefunden, weil er auch in 7 m Tiefe liegt?

Folgt man diesem Ansatz, könnten die höher gelegenen Mauern und Fußböden der Phase 1 und die Phase 2 in die nachkatastrophische byzantinische Zeit (11. Jh.) gehören.
Vielleicht eine Residenz des byzantinischen Statthalters, für die in der "alten" Stadt, dem Oppidum, räumlich kein Platz war?
Das Mosaik mit Circus-Szenen, das im südlichen Bereich aufgefunden wurde, datiere ich in das 11. Jh.
Leider ist die Kunstgeschichte der Mosaikkunst durch die nicht erkannten Phantomzeiten in der Chronologie so verzerrt, dass eine stilistische Datierung auf jeden Fall in die Irre führt. Insbesondere die angeblich spätantiken und frühmittelalterlichen Mosaiken gehören in das hohe Mittelalter. Durch die Verschiebung der mittelalterlichen Mosaiken in die Phantomzeiten wurde das Mittelalter sozusagen von Mosaiken leergeräumt. Dasselbe trifft offenbar auch für die *opus sectile*-Fußböden zu. Traditionelle Datierungen aufgrund der Stilistik von Mosaiken und *opus sectile*-Fußböden sind für die reale Baugeschichte weitgehend wertlos.

So ist auch die Beurteilung von BRUNHUBER zu relativieren:

"1908 bis 1914 freigelegte Mosaike wie das einer Chimäre im vermutlichen *Triclinium ad Mare* oder der Personifikation der Jahreszeiten zeigen teils klassische kaiserliche Motive ..." [BRUNHUBER, 8]

Nach dem Rückzug der Byzantiner aus Italien um 1100 u. Z. wurde der byzantinische Gebäudekomplex als Kirchenstandort nachgenutzt, indem der zentrale Saal als Kirchenraum nach

Norden verlängert und mit einer weit spannenden Apsis geschlossen wurde (Phase 3). Die beiden Anbauten im Westen und Osten wurden vermutlich als Sakristeien genutzt. Dieser Umbau des ehemals byzantinischen Komplexes wäre in das 12. Jh. zu datieren.

Noch im 12. Jh. oder im 13. Jh. wurde der Dreikonchenbau ergänzt (Phase 4). Dreikonchenanlagen entstehen frühestens ab Mitte des 12. Jh., so die Dreikonchenbauten im Rheingebiet, wie St. Maria im Kapitol in Köln u. a. (siehe [MEISEGEIER 2019-2, 151ff]) aber auch die Geburtskirche in Bethlehem (siehe [MEISEGEIER 2023, 435ff]).

Die Phasen 5 und 6 sind spätere bauliche Veränderungen, die nicht näher spezifiziert werden können. Sie datieren vielleicht in das 13.-15. Jh.

Die "Spuren des Verfalls" (Phase 7) könnten dem Baugrundproblem Ravennas zuzuordnen sein. Infolge der Senkungen der Lagune wurde der Komplex nicht mehr nutzbar.
Während die Fußböden einiger anderer Kirchenbauten im 16. Jh. angehoben wurden, wurde die zu diesem Komplex gehörige Kirche vermutlich aufgegeben. Sie war möglicherweise nicht mehr sanierungswürdig. Außerdem entsprach ihre Ausrichtung nach Norden, die der Weiterverwendung des byzantinischen Vorgängerbaus geschuldet war, nicht den kirchlichen Vorstellungen, die eine Orientierung nach Osten verlangten.
Ob diese Kirche der Vorgängerbau der späteren Kirche S. Salvatore war, muss hier unbeantwortet bleiben.

Kein Theoderich - kein Grabmal. Aber was dann?

Wie im Abschnitt *Theodosius und Theoderich* ausgeführt habe, halte ich Theoderich zwar für eine reale Persönlichkeit der sog. Gotenzeit in Italien, jedoch erachte ich seine mögliche Residenz, soweit man davon sprechen kann (er war nur König der Goten, die von Theodosius nach Italien gebracht wurden), keinesfalls in Ravenna, eher in bzw. um Mailand. Theoderich in Ravenna ist ein Konstrukt. Es gibt keinen wirklichen Beleg für seine Anwesenheit in Ravenna. Warum auch?

Theoderich starb 431 n. Chr. Über den Ort seines Begräbnisses ist nichts bekannt. Dass er in Ravenna begraben wurde, ist nach meiner Auffassung ausgeschlossen. Es gibt nicht einen nachvollziehbaren Grund für eine solche Annahme.
Die Schriftquellen, die darüber berichten, sind sämtlich spätere Fälschungen (siehe nachfolgenden Abschnitt).

Wenn der Bau im Nordosten von Ravenna tatsächlich ein Grabmal ist - kein Forscher hat meines Wissens bisher daran ernsthaft gezweifelt -, so müsste dieses einer anderen bedeutenden Person zugeordnet werden. Ich wüsste nicht welcher.

Nach meiner Auffassung muss die Funktion dieses Baus neu überdacht werden.

Das Bauwerk in der traditionellen Forschung

"Dieses rätselhafte Gebäude, das nie völlig ergründet worden ist, wurde von dem im Jahre 526 verstorbenen Gotenkönig Theoderich in der Nähe der barbarischen Nekropolis gegründet; er wollte hier sein Grabmal schaffen."
[BUSTACCHINI, 135]

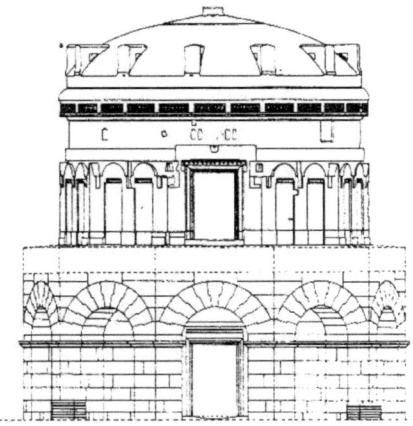

Ravenna, sog. Mausoleum des Theoderich. Außenansicht von Westen. Entnommen (Ausschnitt) aus [BENDAZZI/RICCI, 241]

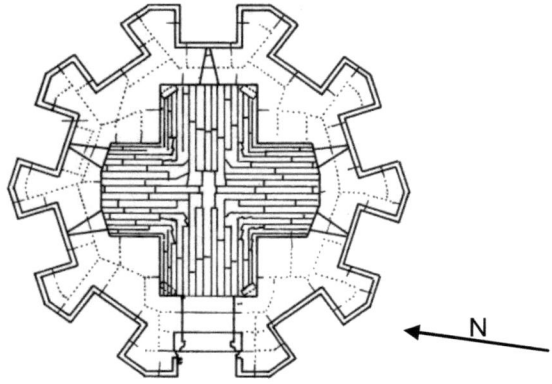

Ravenna, sog. Mausoleum des Theoderich. Grundriss des Untergeschosses. Entnommen (gedreht) aus [BOVINI, 65] (Nordpfeil ergänzt)

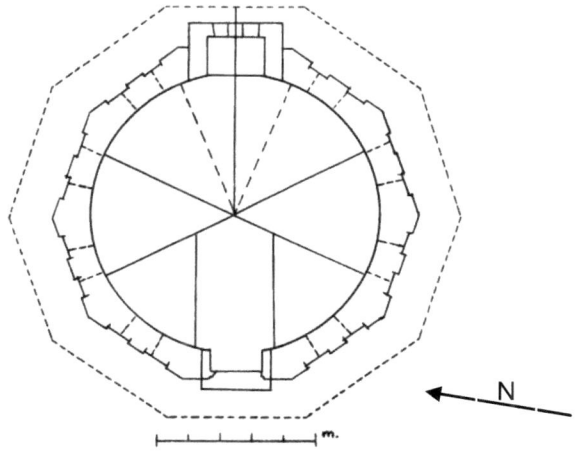

Ravenna, sog. Mausoleum des Theoderich. Grundriss des Obergeschosses. Entnommen aus [BOVINI, 75] (Nordpfeil ergänzt)

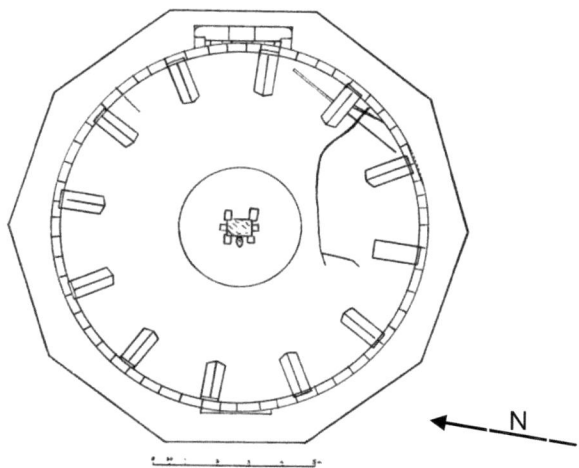

Ravenna, sog. Mausoleum des Theoderich. Draufsicht. Entnommen aus [BOVINI, 84] (Nordpfeil ergänzt)

"Ursprünglich war es ein isoliertes Gebäude, aber nach dem Ende der Gotenherrschaft wurde ein Leuchtturm ... daneben gestellt.
Um das Jahr 1000 herum wurde das Mausoleum Teil eines der hl. Maria geweihten Klosters und zwar dessen Oratorium. Aus diesem Grund wurde das Benediktinerkloster «S. Maria ad farum» genannt. Von dem Leuchtturm mit viereckigem Grundriß gibt es seit dem 12. Jahrhundert keine Spuren mehr, und das Kloster wurde im 17. Jahrhundert zerstört."
[BUSTACCHINI, 135f]

Die deutsche Wikipedia beschreibt das Monument recht ausführlich, weshalb ich die wichtigsten Passagen zitiere:

"Das Mausoleum des Theoderich in Ravenna ist die Grablege des ostgotischen Königs Theoderich, genannt der Große. Das ungewöhnliche Bauwerk, das Theoderich der Große im 6. Jahrhundert vermutlich für sich und die engsten Vertrauten seines Hofstaats hatte errichten lassen, gilt als herausragendste Bauleistung der Ostgoten in Italien. ...

Es hat einen zehneckigen symmetrischen Grundriss mit einer Kantenlänge von ca. 4,40 Metern und besteht aus zwei Geschossen. Der Innenraum des Untergeschosses fungierte als Grabkammer und wird von einem Kreuzgratgewölbe überwölbt. Der Gruftraum weist innen vier kreuzförmig angeordnete Nischen auf. In einer der Nischen befindet sich die Eingangstür.
Das ebenfalls zehneckige Obergeschoss, das nur über eine Außentreppe und eine Brücke zu erreichen ist, beherbergt einen Kapellenraum mit rundem Grundriss. In der Ostwand befindet sich in einer Nische ein Altar. ...

Das Erdgeschoss beherbergt den Gruftraum des Mausoleums, der heute leer ist. Der Gruftraum weist innen drei je ca. 3,50 Meter breite und etwa 2 Meter tiefe Nischen für die Aufnahme von Sarkophagen auf, doch sind keine Sarkophage mehr aufgestellt. Die drei Gruftnischen sind kreuzförmig zueinander angeordnet.

116

In der Außenmauer befinden sich zehn Bogennischen, die eine Grundfläche von je 2,45 Meter mal 1,75 Meter haben. Eine der Nischen enthält die Eingangstür zum Gruftraum. Über den Verwendungszweck der restlichen neun Außennischen können nur Mutmaßungen angestellt werden. ... Das Untergeschoss weist fünf senkrechte Fensterschlitze auf, die recht hoch angeordnet sind, auf gleicher Höhe liegen und unterhalb der Bögen der Außennischen durch die Außenmauer hindurchführen. Gegenüber der Eingangstür befindet sich unterhalb eines Fensterschlitzes zusätzlich ein etwas breiteres Fenster in normaler Höhe, durch das eine stehende Person auf das Gelände vor dem Grabmal blicken kann.

Zum stark zurückliegenden Obergeschoss gelangt man heute über eine Außentreppe, die auf eine um das Gebäude ringsherum verlaufende Veranda führt, von der aus die Eingangstür zum Kapellenraum erreicht werden kann. Die Außentreppe wurde 1927 angebaut. Der um das Obergeschoss herumführende Gang hat eine Breite von etwa 1,30 Metern. Die Eingangstür ist genau über der Eingangstür des Untergeschosses angeordnet.

Der Kapellenraum weist eine Altarnische auf, die der Eingangstür genau gegenüberliegt. Die Altarnische ist etwa 1,20 Meter tief. An der Schwachstelle, an der innen die Altarnische in die Mauer eingelassen ist, wurde an der Außenmauer eine etwa drei Meter breite, zwei Meter hohe und 85 Zentimeter dicke Verstärkungsmauer angebracht, deren seitliche Kanten sorgfältig abgerundet worden sind. Wie Fotografien aus der Zeit vor dem Ersten Weltkrieg zeigen, hatte die Altarnische früher ein Fenster. Dieses ist heute zugemauert.

Da die früher an der Außenmauer vorhanden gewesenen architektonischen Verkleidungselemente heute fehlen, wirkt dieser Nischenvorbau klobig und unharmonisch. ... Wegen des Nischenvorbaus und auch des darin früher vorhandenen

Fensters dürfte der Umgang links und rechts des Nischenvorbaus geendigt haben ...

Das Obergeschoss hatte früher einen Fußboden-Belag aus Verde antico, einem olivgrünen Gestein mit grünlichweißen und dunkelgrünen Maserungen und Einschlüssen, das im Altertum für Dekorationszwecke verwendet wurde. Die Symmetrieachse des Gebäudes ist grob gesehen von Westen nach Osten ausgerichtet; ihre Winkelabweichung von der Ost-West-Achse beträgt rund 10° in nördlicher Richtung. Das Baumaterial ist sogenannter istrianischer Kalkstein, ein Naturstein, der auch in späteren Jahrhunderten in der Region häufiger als Baumaterial verwendet wurde; vermutlich stammt der Kalkstein aus einem Steinbruch in der Nähe der heutigen Ortschaft Vrsar. ...

Über der Altarnische befindet sich unterhalb der Dachkuppel ein kreuzförmiger Lichtschacht. Auf der Nordseite und auf der Südseite befinden sich unterhalb der Dachkuppel je drei weitere Lichtschächte.

Bemerkenswert ist die runde Dachkuppel von ca. 11 m Durchmesser, 2,5 m Höhe, ca. 1 m Dicke und rund 230 t Gewicht, die aus einem einzigen Naturstein-Block hergestellt wurde ... Zwölf kantige Stein-Henkel, mit deren Hilfe es angehoben und auf den Unterbau aufgesetzt werden konnte, sind als integraler Bestandteil in die architektonische Komposition einbezogen. An der Frontseite von acht dieser Henkel sind Namen von acht Aposteln und von vier Evangelisten eingraviert. Mit Ausnahme eines nach Süden ausgerichteten Henkels, dessen Oberseite flach ist und in den ursprünglich der Name *PETRUS* eingraviert war, haben alle Henkel ein stumpfwinkliges Satteldach. ...

Der nächste Kragstein östlich des ‚Petrus-Henkels' weist drei übereinander angeordnete rechteckige Befestigungs-Löcher auf. An seiner Frontseite ist der Name Paulus eingraviert. Darunter ist am unteren Rand der Dachkuppe eine leichte kreisbogenförmige Auskehlung sichtbar. An dieser Stelle hatte

118

sich offenbar einmal eine Wendeltreppe befunden und rechts daneben eine schräge Treppe, die zur Befestigung einseitig in die Dachkuppel eingelassen war. Es ist nicht sicher, ob diese Treppe dem ursprünglichen Bauplan entsprach oder ob sie zu einem viereckigen Leuchtturm gehörte, der später unmittelbar neben dem Mausoleum errichtet worden war. ...

Das Dach war offenbar einmal für Restaurierungsarbeiten angehoben und dann zu hart wieder aufgesetzt worden: Es weist an einer Seite einen durchgehenden Riss auf, der bei dieser Gelegenheit entstanden sein dürfte. Dass das Dach tatsächlich einmal angehoben worden war, lässt sich daran erkennen, dass es nicht wieder völlig symmetrisch in der alten Lage aufgesetzt wurde. ...

Auf der Dachkuppel befindet sich eine kegelförmige Erhöhung von etwa 3,75 Metern Durchmesser, deren vertikaler Rand ungefähr 10 Zentimeter von der Umgebung absteht. Darauf befindet sich ein Sockel, der 77 Zentimeter mal 52 Zentimeter breit und 28 Zentimeter hoch ist. Kegelstumpf und Sockel sind integrale Teile des Monolithen, der für die Herstellung der Dachkuppel verwendet wurde, und wurden aus ihm herausgehauen. Vermutlich waren dies Vorrichtungen zur Befestigung eines Symbols oder einer Skulptur. ...

Unterhalb der Dachkuppel läuft an der Außenmauer ein breiter, bandförmiger Fries mit rechteckigen Ornament-Feldern um. Das dargestellte Ornament ist in allen Ornament-Feldern im Wesentlichen das gleiche: es zeigt ein Muster, in dem konzentrische Kreisringe und davon ausgehende, schräg nach unten verlaufende Linien vorkommen. Wegen der Ähnlichkeit des Ornamentmusters mit nebeneinander aufgereihten, herabhängenden Greifzangen (zum Beispiel Kohlezangen) wird das Ornamentmuster häufig als „zangenförmig" beschrieben. Ähnliche Zangenmuster sind aus der germanischen Goldschmiedekunst bekannt. ...

Im Zentrum des Steinfußbodens des Kapellenraums steht eine wuchtige, ca. 1,50 Meter breite, 1 Meter hohe und ursprünglich etwa 3 Meter lange Wanne aus Porphyr mit schrägen, ca. 16 Zentimeter dicken, innen und außen polierten Wänden. ... Die Wanne war eine Zeitlang unten rechts vor dem sogenannten Palast Theoderichs eingemauert gewesen. ....

Obwohl die Wanne alle Merkmale einer Badewanne und keine Insignien, Inschriften oder christlichen Symbole aufweist – und auch ihre künstlerische Ausführung bei weitem nicht das Niveau einiger erhaltener Sarkophage des 6. Jahrhunderts erreicht –, steht sie seit Jahrhunderten in dem Ruf, vielleicht der Sarkophag Theoderichs des Großen gewesen zu sein. ...

Der im Obergeschoss des Mausoleums aufgestellten Wanne fehlen nicht nur die typischen Merkmale eines Sarkophags, sondern sie ist im Vergleich zu den kunstvoll verzierten Sarkophagen des 6. Jahrhunderts, die in Museen ausgestellt sind (z. B. Erzbischöfliches Museum in Ravenna), darüber hinaus auch ein recht mäßiges Kunstwerk. Soweit die Literatur darüber Auskunft gibt, stützt sich die Nachricht, die Wanne sei vielleicht als Grab Theoderichs des Großen benutzt worden, hauptsächlich auf einen Bericht von Andreas Agnellus (ca. 805–846) aus dem 9. Jahrhundert ...."
[https://de.wikipedia.org/wiki/Mausoleum_des_Theoderich]

Noch einige Informationen aus weiteren Quellen:

"Das Mausoleum ist aus großen Blöcken von istrischem Kalkstein erbaut, die sehr genau ausgemessen und trocken, d. h. ohne Mörtel zusammengefügt sind, aber mit eisernen Klammern und Eisen mit doppeltem Schwalbenschwanz im Inneren zusammengehalten werden." [BENDAZZI/RICCI, 166]

"Im oberen Stock, den die Benediktiner als Oratorium verwendeten, kann man ein reichbemaltes Stuckkreuz, das für original gehalten wird, auf der monolithischen Deckenhaube sehen." [BUSTACCHINI, 136]

"Was den Verlauf dieses Elements (des Fußbodens der beiden Räume - MM) betrifft, so berichten die Historiker von einem starken Einbruch des Bodens auf der Ostseite, der zu einem Absinken des Erdgeschosses um 14 cm und des Obergeschosses um 6 cm führte. Der Höhenunterschied zwischen den beiden Ebenen veranlasste die Gelehrten zu der Annahme, dass ein erstes Versagen während der Errichtung des Erdgeschosses auftrat. Aus diesem Grund wurde das Obergeschoss wahrscheinlich zum "Nivellieren" des bereits installierten Plans aufgesetzt, was jedoch später zu einer weiteren leichten Absenkung führte." [INCERTI u. a., 440]

"An der Ostseite des oberen Raumes befindet sich eine kleine Apsis, deren Funktion von vielen Historikern in Frage gestellt wird: Ihre Höhe bietet weder Platz für einen Altar noch für einen Geistlichen oder gar für den großen Porphyr-Sarkophag ... Der kleine Raum, dessen Fußboden etwas niedriger war als der des übrigen Raumes, ist nach Ansicht der Gelehrten ein zeitgenössischer Raum ..." [ebd., 440]

"Am äußeren Rand der Überdachung befinden sich 12 vorspringende Elemente. ... Historiker haben oft die tatsächliche Funktion dieser Elemente und ihren figurativen Ursprung in Frage gestellt ... Die Annahme, dass sie für den Durchgang von Kabeln und Seilen dienten, die für die Positionierung des Monolithen notwendig waren, wie es Antonio da Sangallo anhand einer bereits veröffentlichten Zeichnung vermutete ..., kann aufgrund des enormen Gewichts des Monolithen und der damals üblichen Verlegetechniken als unbegründet angesehen werden ... Alle Wissenschaftler betonen die fehlende Regelmäßigkeit in der Anordnung des Zwölfecks, das von den vorspringenden Elementen gezeichnet wird, denn es ist mit keiner der Geometrien des Gebäudes ausgerichtet." [ebd., 441]

Die heute an der Außenwand des Obergeschosses fehlenden "architektonischen Verkleidungselemente" haben die Forschung zu den verschiedendsten Rekonstruktionen hinsichtlich der ursprünglichen Gestaltung des Obergeschosses veranlasst.

"Die plausibelste Rekonstruktion geht auf Sangallo zurück. Danach standen diese Aushöhlungen mit einem Bogengang in Verbindung. Dieser Bogengang, der sich auf Säulen stützte, von denen heute ebenfalls keine Spuren verblieben sind, verlief auf dem Außenrand der Terrasse ..." [BUSTACCHINI, 137]

Dagegen die deutsche Wikipedia: "Da der nur etwa 1,30 Meter breite Umgang auch nicht für den Daueraufenthalt von Personen gedacht ist, kann eine frühere Überdachung in Form eines Bogengangs oder einer Loggia ausgeschlossen werden."
[https://de.wikipedia.org/wiki/Mausoleum_des_Theoderich]

"Wie das Mausoleum ursprünglich im Bereich des Nischenvorbaus ausgesehen haben dürfte, hat Schulz in einer – soweit allein der Nischenvorbau betroffen ist – noch heute gültigen Rekonstruktionszeichnung verdeutlicht." [ebd.]

Leider gibt es für die traditionelle Forschung keinen Zweifel an der Bestimmung dieses Bauwerks als Grabmal Theoderichs.

Demgemäß gibt es keinerlei Erwägungen bezüglich einer anderen Funktion des Bauwerks. Die Rätselhaftigkeit des Baus erklären sie sich mit der gotischen, d. h. fremden Herkunft Theoderichs.

Von ausschließlichem Interesse für sie war die mögliche ursprüngliche architektonische Gestaltung des Obergeschosses. Über dieses Thema verloren sie den eigentlichen Bau aus dem Blickfeld.

Dass die Forschung des ausgehenden 19. Jh. und frühen 20. Jh. so heranging, ist vermutlich dem damaligen Zeitgeist geschuldet. Enttäuschend ist, dass auch die jüngere Forschung diesbezüglich keine Zweifel äußert, wenigstens sind mir solche nicht bekannt.

Ravenna, sog. Mausoleum des Theoderich. Rekonstruktion nach SCHULZ. Entnommen aus [https://www.hellenicaworld.com/Germany/Literature/BrunoSchulz/de/GrabmalDesTheoderich.html]

Eine neue Fragestellung

Eine große Anzahl von Forschern hat sich mit dem Bauwerrk befasst, das sie selbst als rätselhaft einschätzten.
Keiner von ihnen hat jedoch jemals die Grabmalfunktion an sich zur Diskussion gestellt.

"Die Gelehrten haben vor allem darüber diskutiert, ob es das Werk des Theoderich ist oder ob er zu einem Teil ein schon vorhanden gewesenes Bauwerk benutzt hat; sie haben ferner darüber diskutiert, ob das Grabmal beim Tode des

Gotenkönigs vollendet war, ob es von seinen Nachfolgern fertiggestellt worden oder ob es in seinem dekorativen Teil überhaupt unvollendet geblieben ist. Viele Gelehrte haben versucht mit Hilfe von Zeichnungen das Aussehen wiederherzustellen, das es ursprünglich im oberen Stockwerk gehabt haben müsste und haben verschiedene Vermutungen aufgestellt über die Art und Weise, wie der grosse Block der Decke bewegt worden ist. Sie haben über den Zweck und die Bedeutung der zwölf Ansätze des Daches sich den Kopf zerbrochen und haben versucht, festzustellen, welche konstruktiven Einflüsse sich in seiner Architektur zeigen und welches der innerste, tiefste Grund der Konstruktion sei, die zweifellos zwischen der unteren und der oberen Ordnung oder besser zwischen dem zehneckigen und dem runden bekrönenden Teil eine Diskrepanz aufweist. Endlich haben sie darüber diskutiert, ob die eigentliche Grabkammer die untere oder die obere Zelle gewesen sei." [BOVINI, 27f]

Die wichtigste Frage für mich ist bisher unbeantwortet: Ist der Bau überhaupt ein Grabmal gewesen?

Woher kommt die Identifizierung des Baus als Grabmal Theoderichs?

"Als näheren geschichtlichen Anhalt besitzen wir über die Baugeschichte nur die beiden kurzen Bemerkungen des im zweiten Teile zwischen 546–552 in Ravenna geschriebenen sog. Anonymus Valesianus und dann die fast 300 Jahre später entstandene Chronik des Presbyters Agnellus von etwa 840." [JÄNECKE, 10]

"Die ältesten Informationen über das Mausoleum Theoderichs sind in einem Textfragment enthalten, das von einem anonymen Berichterstatter geschrieben wurde, der als Valesiano (Anonymus Valesii) bekannt ist, nach dem Namen des französischen Gelehrten Henri Valois, der das Werk 1636 herausgab. Der zweite Teil des Textes, der sich auf die Zeit der Herrschaft von Odoaker und Theoderich bezieht (Jahre zwischen 474 und 526), erzählt von der Gründung des

Gebäudes: "*Se autem vivo fecit sibi monimentum ex lapide quadrato, mirae magnitudinis opus, et saxum ingens quod super-poneret inquisivit*". Das bedeutet: "*Als er noch lebte, errichtete er für sich ein Grabdenkmal aus quadratischen Blöcken, ein Werk von wunderbarer Größe, und bat darum, dass ein riesiger Felsen gefunden werde, um es zu bedecken*". Diesem Dokument zufolge wurde der Bau des Gebäudes von Theoderich selbst vor seinem Tod (30. August 526) in Auftrag gegeben." [INCERTI u. a., 439]

"Ein Abschnitt von ähnlichem Inhalt befindet sich im *Liber Pontificalis Ecclesiae Ravennatis* des Andrea Agnellus, eines Schriftstellers der ersten Hälfte des 9. Jahrhunderts, wo es in der Lebensbeschreibung des Erzbischofs Johannis Angeloptes heisst: *(Theodericus)... seDpultusque est in mausoleum quod ipse aedificare jussit extra Portas Artemitoris, quod usque hodie vocamus ad Farum, ubi est monasterium Sanctae Mariae, quod dicitur ad memoriam regis Theoderici*: «Theoderich... ist in dem Grabmal begraben, das er sich vor dem Tore Artemetoris selbst bauen liess und das wir 'am Leuchtturm' nennen, wo das Kloster der Hl. Maria sich befindet, das 'zum Andenken des Königs Theoderich' heisst».

Aus den Nachrichten dieser beiden Schriftsteller geht Folgendes hervor (es ist kein Grund vorhanden, ihnen nicht zu glauben):1. Theoderich sorgte selbst bei Lebzeiten dafür, sich sein eigenes Grabmal zu bauen, das, wie man glauben kann, bei seinem Tode am 30. August 526 mehr oder weniger vollendet war. 2. Das Bauwerk war aus grossen Quadersteinen errichtet; was für Ravenna eine Besonderheit war, wo alle Bauwerke einschliesslich dem sogenannten Grabmal der Galla Placidia aus Ziegeln bestehen. 3. Für seine Eindeckung wurde ein ingens saxum , das heisst ein Monolith, aufgetrieben. 4. Es lag ausserhalb der Porta Artemetoris, da, wo sich im 9. Jahrhundert ein Leuchtturm und das Kloster der Hl. Maria befanden.
Es kann kein Zweifel bestehen, dass aufgrund dieser topographischen und baulichen Angaben (vor allem die, die das Dach betrifft) das Grabmal des Theoderich in jenem Bau

mit Sicherheit zu erkennen ist, den die Tradition schon immer als solches bezeichnet hat." [BOVINI, 9f]

Beide Quellen sind äußerst suspekt. Zu Agnellus habe ich mich bereits im Abschnitt *Ravenna - eine alternative Stadtgeschichte/Stadtentwicklung* geäußert. Anonymus Valesianus kommt nicht besser weg.

"Als Anonymus Valesianus (auch *Excerptum Valesianum* [I und II]) wird ein lateinischer Text bezeichnet, der von dem französischen Gelehrten Henricus Valesius (Henri de Valois, 1603–1676) in seiner 1636 veröffentlichten Ausgabe des Werkes des Ammianus Marcellinus mitpubliziert wurde.

Der Name ist leicht irreführend, da es sich um zwei Schriften handelt (daher auch teils als *Anonymi Valesiani* bezeichnet), die zudem keine inhaltliche Gemeinsamkeit haben, außer dass sie beide über Abschnitte der spätantiken Geschichte berichten. Die Texte stammen aus einer mittelalterlichen Handschriftensammlung, die im 9. Jahrhundert wohl in Verona angefertigt wurde."
[https://de.wikipedia.org/wiki/Anonymus_Valesianus]

"Anonymus Valesianus II
Das zweite Werk (Kapitel 36 bis 96 des Textes; von Theodor Mommsen *Chronica Theodericiana* genannt) befasst sich mit der Geschichte Italiens von der Herrschaft des Julius Nepos bis zum Tod des Ostgotenkönigs Theoderich des Großen (474 bis 526). Der knappe Text ist eine sehr wichtige historische Quelle zur Herrschaft Theoderichs. Der ebenfalls anonyme Autor schrieb um die Mitte des 6. Jahrhunderts und war anti-arianisch eingestellt." [ebd.]

Festzustellen gilt, dass der Text des Valesianus erst 1636 das Licht der Welt erblickt hat. Wurde der Text erst um diese Zeit geschrieben?

Zu Agnellus erinnere ich, dass die ursprüngliche Handschrift seines *Liber pontificalis ecclesiae Ravennatis* verloren sein soll. Es soll in einem 1413 angefertigten Codex Estensis saec. XV überliefert sein. Darüber hinaus soll es ein vatikanisches Fragment aus dem 16. Jh. geben und "immerhin" eine Erwähnung im 13. Jh.

Die Erwähnung im 13. Jh. erachte ich - wie bereits gesagt - als Fälschung. Genauso dürfte der o. a. Codex erst später entstanden - vielleicht auch im 17. Jh. - und rückdatiert sein. Das vatikanische Fragment, angeblich aus dem 16. Jh., dürfte der Erhöhung der Glaubwürdigkeit der Codex-Fälschung gedient haben, genauso wie die Erwähnung im 13. Jh.

Im Ergebnis sehe ich die früheste Erwähnung des Grabmals des Theoderich in Ravenna im 17. Jh.

(Vor Ort war anscheinend die angebliche Grabmalsfunktion bis in das 19. Jh. unbekannt. Vermutlich mit dem aufkommenden Historismus wurde die Grabmalsfunktion aus den Quellen "ausgegraben". Die Beiträge der Forschung des beginnenden 20. Jh. haben versucht, diese dann geschichtlich und architektonisch einzuordnen.)

Wenn diese beiden "ältesten" Quellen wegen mangelnder Glaubwürdigkeit entfallen, was bleibt dann eigentlich?

Gibt es andere Quellen zu dem Bau vor den Toren Ravennas?

Darstellungen des "Grabmals" in der bildenden Kunst

Es gibt eine - wenn auch überschaubare Anzahl - von Darstellungen des Bauwerks in der Malerei und Grafik.

Das Problem: Offenbar reicht keine bekannte künstlerische Darstellung des Ravennaer "Grabmals" weiter als in das späte 15. Jh. zurück:

BOVINI zeigt zwei Gemäldeausschnitte, auf denen das Grabmal abgebildet ist, das sind:

- "Christi Verklärung" von Giovanni Bellini († 1516), Nationalmuseum von Capodimonte in Neapel, (zwischen 1480 und 1485 entstanden)
- "Pietà" von Marco Palmessano († 1538), Ravenna, Dom

Gemäldeausschnitt von Giovanni Bellini. Entnommen aus [BOVINI, 55]

Gemäldeausschnitt von Marco Palmessano. Entnommen aus [BOVINI, 55]

Einzelheiten des Grabmals sind natürlich auf den Gemälden kaum auszumachen, da es nur als Detail im Hintergrund abgebildet ist. Da die Zuordnung der Darstellung recht sicher erscheint, belegt sie zumindest die Existenz des "Grabmals" zur Zeit der Erstellung des Gemäldes.

Es gibt aber weitere Darstellungen in der grafischen Kunst.

Zeichnung von Giuliano da Sangallo († 1516). Entnommen aus [FROMMEL, 20]

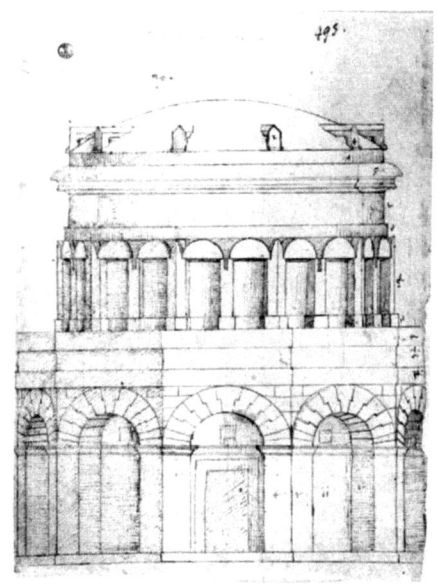

Zeichnung von Antonio da Sangallo der Jüngere († 1546), Bauaufnahme des Grabmals des Theoderich, Ravenna, ca. 1506/07 Graphisches Kabinett der Uffizien, 1563r. Entnommen von [https://www.mprl-series.mpg.de/studies/5/4/index.html]

"Die 1506/07 datierbare Bauaufnahme des Grabmals von Theoderich in Ravenna von Antonio da Sangallo dem Jüngeren ... ist wahrscheinlich eine Kopie nach einer Bauaufnahme von Antonios Lehrer Bramante." [https://www.mprl-series.mpg.de/studies/5/4/index.html]

(BOVINI hat diese Zeichnung Giuliano da Sangallo zugewiesen [BOVINI, 13f u. 63], ebenso anscheinend [https://www.yumpu.com/en/document/read/35011909/mausul eum-of-theodoric-justification-for-the-inclusion-to-ravenna])

Italienische Zeichnung eines unbekannten Autors, 16. Jh.,
Wien, Graphische Sammlung Albertina. Entnommen aus
[PALOL/RIPOLL, 56]

Ravenna, sog. Mausoleum des Theoderich. Ein zu Beginn des
18. Jh. von CORONELLI veröffentlicher Stich. Entnommen
aus [BOVINI, 85]

Ein von Rinaldo Rasponi veröffentlicher Stich, 1766. Quelle: [https://pictures.abebooks.com/inventory/30691274486.jpg]

Auffällig ist, dass das Untergeschoss bei den Zeichnungen von Sangallo frei sichtbar ist, während die spätere Zeichnung und die Stiche aus dem 18. Jh. das Untergeschoss zur Hälfte verschüttet zeigen. (Das Untergeschoss wurde erst 1918/19 wieder komplett freigelegt.)

War das Bauwerk zur Zeit der Sangallos vielleicht noch nicht eingesunken? Für ihre architektonischen Studien war natürlich das Gesamtbauwerk von Interesse. Falls das Bauwerk damals bereits verschüttet war, hätten sie das Untergeschoss für ihre Studien zumindest teilweise freilegen müssen.

Die Reaissance (15./16. Jh.) hatte das Interesse an griechischer und römischer Antike wachgerufen. Die Zeichnungen von Giuliano und Antonio da Sangallo sind

132

sicher als Studien der antiken Kunst einzuordnen, was auch die festgestellten Abweichungen im Detail erklärt.

Später waren die Künstler vermutlich eher von dem versunkenen, rätselhaften Bauwerk fasziniert.

Ich gehe davon aus, dass das Untergeschoss zur Zeit der Sangallos noch nicht verschüttet war.

Das geologische Problem Ravennas habe ich bereits im vorigen Abschnitt dargestellt. Ich nehme an, dass das Bauwerk erst später eingesunken ist. Dazu mehr unten.

Wie bereits eingangs gesagt, reicht keine Darstellung weiter als in das ausgehende 15. Jh. zurück.

Noch etwas gilt es anzumerken: Keines der Grafiken bezeichnet das Bauwerk als Grabmal des Theoderich, obwohl immerhin zwei Grafiken Beschriftungen aufweisen. Der Rasponi-Stich mit handschriftlicher Erläuterung nennt das Bauwerk nur "antike Rotunde von Ravenna". Der von CORONELLI veröffentlicher Stich benennt nur das Kloster "S. Maria Rotonda in Ravena".

Welche Funktion hatte der Bau wirklich?

Die traditionelle Funktion als Grabmal stelle ich zur Disposition. Aber welche Funktion hatte der Bau dann?

Das Bauwerk stand ursprünglich unmittelbar an der Küste (innerhalb der Bucht). Wenn man den Eingang und die Ostnische als Hauptachse ansieht, so ist seine Ausrichtung leicht nach Norden verdreht.

"Die Symmetrieachse des Gebäudes ist grob gesehen von Westen nach Osten ausgerichtet; ihre Winkelabweichung von der Ost-West-Achse beträgt rund 10° in nördlicher Richtung." [https://de.wikipedia.org/wiki/Mausoleum_des_Theoderich]

Wurde der Bau vielleicht nach der Küstenlinie ausgerichtet? Die angenommene Hauptachse verläuft etwa im 90°-Winkel zur Küstenlinie.
Das ursprünglich in der östlichen Nische des Obergeschosses vorhandene Fenster lässt exakt auf das Meer blicken.

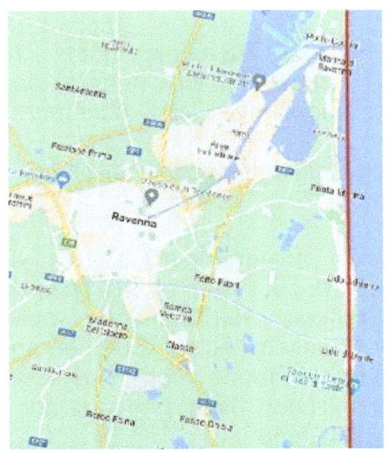

Ravenna. Kartenausschnitt um 11,5° im Uhrzeigersinn gedreht. Rot = heutige Küstenlinie

Hat der Bau vielleicht einem technischen, maritimen Zweck gedient? Ein Leuchtturm vielleicht?
Ein Leuchtturm spielt in der Historie des Bauwerks bereits eine Rolle, wenn auch nicht direkt den Bau betreffend.

Schon die Agnellus-Fälschung (siehe Abschnitt *Eine neue Fragestellung*), erwähnt einen Leuchtturm neben dem Grabmal. Auch das Marienkloster trug im Namen "ad farum", d. h. am Leuchtturm.

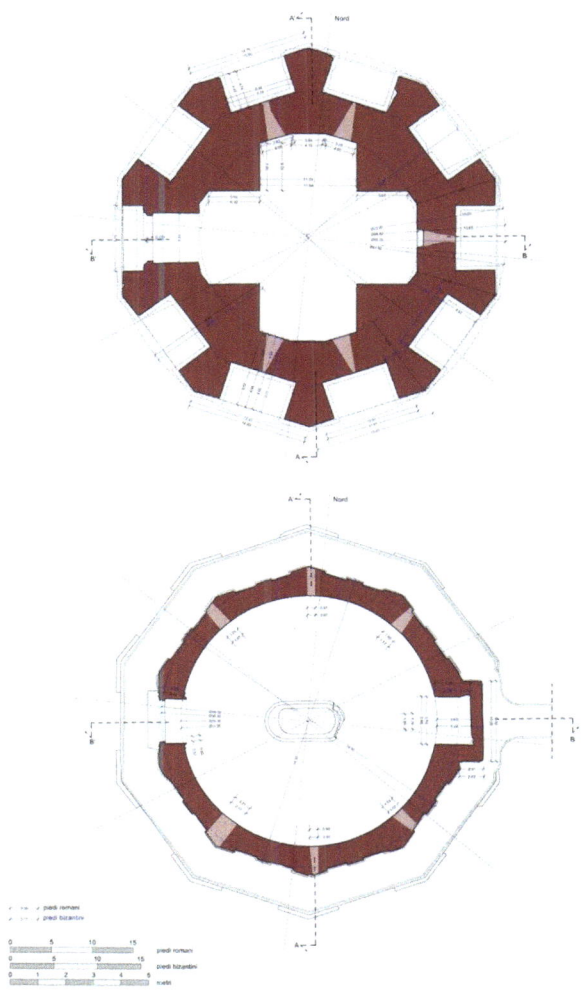

Grundrisse Untergeschoss (oben) und Untergeschoss. Entnommen aus [INCERTI, 438]

Nach meiner Auffassung war das "Grabmal" ursprünglich als technisches Bauwerk errichtet worden. Die Funktion als Leuchtturm ist plausibel. Die Gestaltung des Obergeschosses legt sogar nahe, dass der Bau mehr als ein Leuchtturm war. Ich denke hier an eine Station der optischen Telegrafie (Feuerzeichen?), vielleicht zur Kommunikation mit ankommenden Schiffen.

Die offenbar sehr aufwendige archäoastronomische Untersuchung des Bauwerks durch INCERTI u. a. hat anscheinend kein verwertbares Ergebnis gebracht, außer, dass die "Henkel" auf der Abdeckplatte etwa nach den Himmelsrichtungen ausgerichtet sind.
Bei meiner Annahme, dass der Bau ursprünglich ausschließlich technischen Zwecken gedient hat, ist dieses negative Ergebnis folgerichtig.
(Positiv ist sicher die Perfektionierung der computerbasierten Methodik zu bewerten, die auch andern Bauten zugute kommen könnte.)
Darüber hinaus haben sich die Autoren bei ihrer Interpretation leider zu sehr von den christlichen Gravuren und Symbolen beeindrucken lassen, die ich sämtlich für spätere Zutaten halte.

Die monolithische Abdeckplatte dürfte die Konstruktion für die Leuchteinrichtung aufgenommen haben, vermutlich eine turmartige Konstruktion, die auf der mittigen kegelförmigen Erhöhung von 3,75 m stand.
Die zwölf Henkel/Ösen auf der Abdeckplatte dienten vielleicht der Abspannung eines Turmes. Für diesen Zweck machte die monolithische Ausführung der Deckenplatte statisch Sinn, da sie in der Lage war, die Zugkräfte aus der Abspannung aufzunehmen. Eine normale Dachkonstruktion sowie das Mauerwerk wären für die Verankerung der Zugkräfte ohne Sondermaßnahmen nicht geeignet.

"Es wurde schon darauf hingewiesen, dass die zwölf Ansätze, die das Dach umgeben, einen praktischen Zweck erfüllt haben müssen und zwar dienten sie zum Durchziehen der Taue, mit deren Hilfe der Stein bewegt wurde ..." [BOVINI, 40]

Der Raum im Obergeschoss war dem Aufenthalt der Bedienmannschaft der Anlage vorbehalten. Wie der Aufgang zum Obergeschoss ursprünglich erfolgte, ist unbekannt. Ein solcher ist sicher vorauszusetzen..

"... dass zu dem oberen Stockwerk keine Treppen hinaufführten (von solchen hat man tatsächlich keinerlei Reste gefunden), sodass der Raum unzugänglich ... war." [BOVINI, 29]

"Mit Ausnahme eines nach Süden ausgerichteten Henkels, dessen Oberseite flach ist und in den ursprünglich der Name *PETRUS* eingraviert war, haben alle Henkel ein stumpfwinkliges Satteldach. ... Der nächste Kragstein östlich des ‚Petrus-Henkels' weist drei übereinander angeordnete rechteckige Befestigungs-Löcher auf. An seiner Frontseite ist der Name *Paulus* eingraviert. Darunter ist am unteren Rand der Dachkuppe eine leichte kreisbogenförmige Auskehlung sichtbar. An dieser Stelle hatte sich offenbar einmal eine Wendeltreppe befunden und rechts daneben eine schräge Treppe, die zur Befestigung einseitig in die Dachkuppel eingelassen war. Es ist nicht sicher, ob diese Treppe dem ursprünglichen Bauplan entsprach oder ob sie zu einem viereckigen Leuchtturm gehörte, der später unmittelbar neben dem Mausoleum errichtet worden war." [https://de.wikipedia.org/wiki/Mausoleum_des_Theoderich]

Weder die Wendeltreppe, sofern die Interpretation zutrifft, noch die schräge Treppe gehörten m. E. zum ursprünglichen Plan.
Die rechteckige Nische auf der Ostseite des Raums im Obergeschoss hat die Forschung offenbar irritiert, ist aber bei meiner Interpretation des Bauwerks weniger rätselhaft. (Der Grundriss von BOVINI zeigt dieses Detail anscheinend nicht ganz korrekt) Der Schnitt von SCHULZ zeigt dieses Detail m. E. besser.

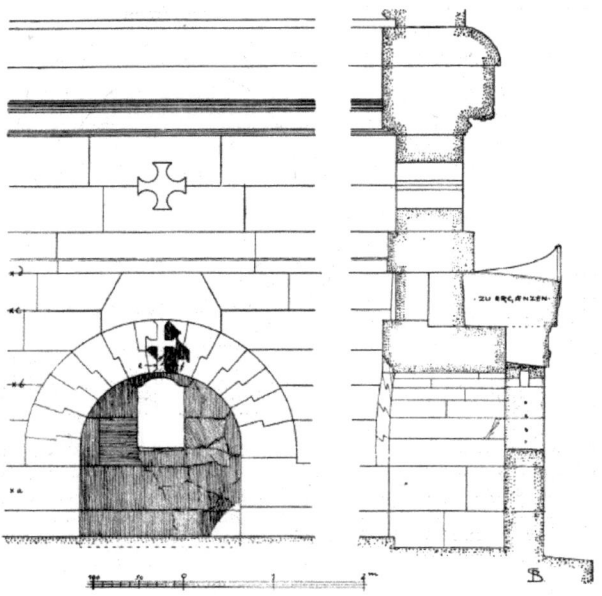

Ravenna, sog. Mausoleum des Theoderich. Nische in der
Ostwand des Obergeschosses. Innenansicht und Schnitt.
Entnommen aus [SCHULZ, 39]

Die Nische war offensichtlich eine ehemalige Öffnung
(Fenster?). Ihre Tiefe entspricht der Wanddicke. Zu einer
späteren Zeit wurde die Nische von außen durch eine
Vormauerung abgedeckt, die eine kleinere Fensteröffnung
besaß. Ob die obere Ergänzung in dem Schnitt von SCHULZ
wirklich existierte, erachte ich für zweifelhaft. Die Sohle der
Nische dürfte der ehemaligen Fußbodenhöhe entsprechen.

Ich halte die Nische für den Platz des Beobachters, der für die
Kommunikation nach außen zuständig war. Die ursprünglich
relativ große Öffnung wurde später durch die vorgesetzte
Verstärkungsmauer verkleinert. Die Nische wurde in ihren

Abmessungen jedoch beibehalten. (Man hätte ja auch die Öffnung vermauern und trotzdem ein kleines Fenster belassen können. Das tat man aber nicht, vermutlich weil dadurch die Grundfläche der Nische verkleinert würde) Warum die Verkleinerung der Öffnung notwendig war, kann nur spekuliert werden. Möglicherweise war der Bau in späterer Zeit feindlichen Angriffen ausgesetzt und hatte zusätzlich auch eine Verteidigungsfunktion zu erfüllen. Mit der architektonisch unbefriedigenden Lösung hatte man bei einem technischen Bauwerk offenbar kein Problem. Vielleicht hatte der fehlende Zugang zum Obergeschoss ebenfalls damit zu tun.

Das Untergeschoss besaß vermutlich keine spezielle Nutzung, sondern war nur die notwendige Substruktion für das Obergeschoss. Der dabei entstandene kreuzförmige Raum wurde sicher für Nebenzwecke genutzt, hatte aber mit der Hauptfunktion des Bauwerks primär nichts zu tun.

"Das Untergeschoss weist fünf senkrechte Fensterschlitze auf, die recht hoch angeordnet sind, auf gleicher Höhe liegen und unterhalb der Bögen der Außennischen durch die Außenmauer hindurchführen. Gegenüber der Eingangstür befindet sich unterhalb eines Fensterschlitzes zusätzlich ein etwas breiteres Fenster in normaler Höhe, durch das eine stehende Person auf das Gelände vor dem Grabmal blicken kann."
[https://de.wikipedia.org/wiki/Mausoleum_des_Theoderich]

Der recht schmale Umgang um das Obergeschoss hatte für den ursprünglichen Zweckbau vermutlich keine besondere Bedeutung.
Möglicherweise war die Außenfläche des Obergeschosses ursprünglich ohne Dekoration. Für ein rein technisches Bauwerk auch wenig sinnvoll, zumal dieses isoliert an der Küste stand. Offenbar ist diese Idee nicht neu.

"Durm dagegen ist der Ansicht, dass die Seiten des Zehnecks ursprünglich glatt waren ... und dass erst nachträglich wegen der Verschiedenheit des Materials die rechteckigen

Vertiefungen und die Schildbögen gemacht worden seien."
[BOVINI, 36]

Ich würde mich dieser Auffassung grundsätzlich anschließen. Vorstellbar ist, dass die Dekoration der Außenflächen des Obergeschosses erst zur Zeit der Nutzung als Kirche aufgebracht wurde. Eine darüber hinausgehende "Gestaltung" des Obergeschosses, z. B. ein Bogengang, gab es m. E. nie. Für das technische Bauwerk wäre ein solcher nicht nachvollziehbar. Für die kirchliche Nutzung müssten die Ansichten von da Sangallo u. a. (siehe oben) einen solchen zeigen, was aber nicht der Fall ist.

Die meist senkrechten, paarigen Aussparungen im oberen Bereich auf jeder Seite des Zehnecks sind möglicherweise ursprünglich. Ich sehe in ihnen funktionale Einrichtungen, vielleicht zur Errichtung eines demontierbaren Laufsteges um die Abdeckplatte, z. B. während der Montage oder für Wartung/Instandsetzung der Konstruktion und der Abspannung auf der Abdeckplatte. "Architektonischen Verkleidungselemente" bzw. ihr Fehlen kann ich nicht erkennen.

Folgt man der Annahme eines maritimen Bauwerks ergibt sich die Frage nach dem Bauherrn.

Schon in antiker Zeit war Ravenna wegen seines Hafens in Classe von maritimer Bedeutung. Ein zweites Mal erlangte Ravenna in byzantinischer Zeit aufgrund seines Hafens eine große Bedeutung.

Auch wenn das Untergeschoss für manchen Forscher römisch anmutet, schließe ich eine antike Errichtung des Bauwerks aus.

Damit würde nur eine byzantinische Entstehung zur Diskussion stehen.

Der Transport des Monolithen und seine Montage dürften den byzantinischen Bauleuten keine unüberwindbaren Schwierigkeiten bereitet haben (ob die Henkel/Ösen dafür verwendet wurden, muss hier offen bleiben).

Die byzantinische Epoche in Italien begann etwa mit dem Ende der sog. Gotenkriege 456/457 n. Chr. und endete etwa um 1100 u. Z. mit der Vertreibung der Byzantiner aus Italien. Da dieser Zeitraum eine Phantomzeit von 418 Jahren enthält, beträgt die Dauer der byzantinischen Herrschaft in Italien ca. 225 Jahre.
Kann man die Bauzeit etwas weiter eingrenzen? Das Bauwerk dürfte kaum unmittelbar am Ende der byzantinischen Herrschaft entstanden sein. Genauso kommt m. E. der Anfang der byzantinischen Herrschaft nicht in Frage. Ravenna spielte am Anfang der byzantinischen Herrschaft einfach noch keine Rolle.
Ravenna geriet erst in den byzantinischen Fokus, als Kaiser Maurikios im Jahr 584 (korr. 584-95 = 489 n. Chr.) das sog. Exarchat von Ravenna gründete.

Der Abdeckstein weist einen beachtlichen Riss auf, der vermutlich auf ein größeres Ereignis zurückzuführen ist.

"Wie schon weiter oben bemerkt, ist in dem Stein heute noch ein langer Riss zu sehen ... Tarlazzi nimmt eine Vermutung des Carnevali wieder auf und behauptet, das er sich gebildet habe, weil das Gebäude im südlichen Teil um 14 Zentimeter abgesackt sei." [BOVINI, 38f]

Nicht unmöglich erscheint mir, dass dieser Riss während der globalen Naturkatastrophe von 522 n. Chr. (= um 940 u. Z.) entstanden ist. Denkbar wäre z. B. als Ursache eine Baugrundbewegung infolge eines Erdbebens o. ä.

Wenn das zuträfe, würde sich die Zeitspanne für die Errichtung des Baus von 489 n. Chr. bis zur globalen Naturkatastrophe 522 n. Chr. (= um 940 u. Z.) verkürzen.

Gibt die Bautechnik Hinweise auf die Zeit seiner Errichtung?

"... dass das Gebäude unter architektonischen Gesichtspunkten zwei verschiedene Charaktere in seinem unteren und seinem oberen Teil zeigt. Während das untere Stockwerk vollendet ist, das in der Abfolge der Blendbögen die Abhängigkeit von römischer Kunst zeigt, hat man den Eindruck, dass das obere Stockwerk bis zur Höhe des Gesimses nicht vollendet worden ist: weiter oben wird es merkwürdigerweise rund und zeigt einen bestimmten exotischen Charakter, zumindest in seinen dekorativen Elementen." [BOVINI, 30]

"... dass man das untere Stockwerk des Grabmals wegen seiner Form und seiner Technik als nichts anderes als eine Substruktion ansehen muss ..." [ebd., 29]

"Das, was zuerst in die Augen springt, ist der Kontrast zwischen der soliden Architektur des unteren Stockwerks, die einen ausgesprochen römischen Charakter trägt und der dekorativen Ansicht des oberen Stockwerks." [ebd., 47]

Für die vorgeschlagene Funktion des Bauwerks macht die Errichtung auf einer Substruktion zur Erreichung eines höheren Standorts natürlich Sinn.

Auffällig ist die Bauweise, zumal sie einzigartig in Ravenna und Umgebung ist, wo allgemein Ziegel verwendet wurden.
Die Vergleichsobjekte in Ziegelbauweise sind jedoch ausschließlich mittelalterliche Bauten, d. h. Bauten ab dem 11. Jh.

"Die Konstruktion zeigt aussen eine sehr genaue Mauertechnik. Die grossen Steinblöcke passen gut aneinander und haben an allen Fugen einen einseitigen Randschlag ... Eine geringere Genauigkeit wurde im Innern des Mauerwerks ... bei den. Restaurierungsarbeiten festgestellt, die das Denkmalpflegeamt der Romagna in den

Jahren 1949-51 durchführte nach den Schäden, die dem Grabmal im Jahre 1944 von einer in der Nähe niedergefallenen Bombe verursacht wurden. In dem unmittelbar über den Bögen befindlichen Teil bemerkte man, dass die nicht mehr zu Quadern gehauenen Blöcke kreuz und quer gelegt und mit Kalk verbunden waren." [BOVINI, 13]

Nun sind Substruktionen zur Erreichung eines höher gelegenen Aufstellungsorts in der Baugeschichte nicht ungewöhnlich. Wir treffen sie z. B. in Jerusalem bei der byzantinischen Himmelfahrtskirche an, und z. B. in gotischer Zeit am Erfurter Dom, dort die sog. Kavaten des Hohen Chors.

Die Bauweise - große Blöcke von exakt behauenen Naturwerkstein, trocken verlegt, die mit eisernen Klammern und Eisen mit doppeltem Schwalbenschwanz verbunden sind - ist schon bemerkenswert.

Dabei denke ich sofort an die benediktinischen Bauten der sog. "Hirsauer Bauschule", die sich u. a. durch die exakte Steinbearbeitung und extrem dünne Fugen hervortat. Sie gehören jedoch alle dem 12. Jh. an.

Zu diesen Bauten zählt u. a. die Benediktiner-Klosterkirche St. Peter (1103/1127-1147) in meiner Heimatstadt Erfurt:

"Beim aufgehenden Mauerwerk gelber Seeberger Sandstein in sorgfältig bearbeiteten Quadern großen und größten Formats (z. T. über 2,00 m lang).
Quaderung bei sämtlichen Umfassungsmauern ... in völlig regelmäßiger Schichtung durchgeführt ...
Quader in ganz dichten, kaum 1 mm starken Fugen versetzt. Innerhalb der Mauern Holzverankerungen nachgewiesen ... - Bearbeitung der Quaderoberflächen: der nur wenig vortretende Spiegel in dichten, meist geraden, zum Randschlag fein scharriert." ["Die Kunstdenkmale der Provinz Sachsen, Band 1, Die Stadt Erfurt: Dom, Severikirche…" Burg 1929 (Inventarband), s. 588ff]

Die im Inneren des Mauerwerks aufgefundene "geringere Genauigkeit" - nicht mehr zu Quadern gehauenen Blöcke kreuz und quer gelegt und mit Kalk verbunden - erinnert sehr stark an die zweischalige Mauerwerkskonstruktion, die in der Zeit der Romanik die vorherrschende Bauweise war.

Daraus zu folgern, dass das "Grabmal" in romanischer Zeit errichtet wurde, halte ich jedoch für vorschnell, zumal die mittelalterlichen Kirchen Ravennas alle in Ziegelbauweise errichtet wurden.

Bei der Errichtung des "Grabmals" sahen BOVINI und auch andere u. a. syrische Einflüsse bzw. die Arbeit eines syrischen Architekten [BOVINI, 47f].

Dazu ist anzumerken, dass die syrischen Bauten, die die Forscher vermutlich vor Augen hatten, Bauten des 11.-13. Jh. waren, die von der Forschung irrtümlich dem 4.-7. Jh. zugeordnet werden. Die syrischen Bauten waren Bauten, die hinsichtlich der Art und Weise der Ausführung in byzantinischer Tradition standen. Die byzantinische Herrschaft in Syrien endete zwar mit der globalen Naturkatastrophe um 940 u. Z. Die nachkatastrophische Bevölkerung baute nach der Katastrophe natürlich weiter in der ihnen vertrauten Bauweise. Selbst die Kreuzfahrer haben diese Bauweise übernommen, da die Ausführung von einheimischen Bauleuten mit den in Syrien verfügbaren Baustoffen erfolgte. Siehe dazu meine jüngste Veröffentlichung [MEISEGEIER 2023].

In diesem Sinn würde ich den "syrischen Einflüssen" durchaus zustimmen. Diese syrischen Vergleichbauten sind jedoch richtiger in byzantinischer Tradition errichtete Bauten. Da in Syrien derartige Bauten in größerer Zahl als Ruinen erhalten sind - im Gegensatz zu Konstantinopel oder anderswo - wird irrtümlich nur von syrischen Bauten gesprochen.

Im Endeffekt ergibt sich für mich nur eine sinnvolle Lösung - der Bau ist frühbyzantinisch. Die oben anvisierte Datierung zwischen 470 und 522 n. Chr. würde dazu passen. Die Herkunft des verwendeten Natursteins aus Istrien könnte ebenfalls auf Byzanz verweisen.

Ich könnte mir vorstellen, dass die spezielle Bauweise der exakten Steinbearbeitung und der Verlegung mit sehr dünnen Fugen ohne Mörtel, die in Europa im 12. Jh. aufkommt, von den Kreuzfahrern nach Europa gebracht wurde.

Die Nachnutzung als Kirchenbau

Auf den beiden Gemälden aus dem 16. Jh. von Bellini bzw. Palmessano (siehe Abschnitt *Darstellungen des "Grabmals" in der bildenden Kunst*) ist im Hinergrund die Rotunde und unmittelbar neben dieser ein viereckiger Turm dargestellt, welcher angeblich der ehemalige Leuchtturm gewesen sein soll.
Übrigens ist der Turm auf dem älteren Gemälde niedriger als auf dem jüngeren. Man darf sicher derartige Darstellungen nicht überinterpretieren. Aber ich halte es für möglich, dass die Gemälde zwei unterschiedliche Bauzustände zeigen, d. h. der Turm war zu dieser Zeit erst im Bau.

Ich halte die Identifikation des Turms auf den Gemälden mit dem Leuchtturm des Agnellus für eine Fehlinterpretation. Natürlich bleibe ich dabei, dass Agnellus ein Pseudepigraph/Fälschung ist. Trotzdem könnte die Erwähnung eines Leuchtturms auf einer realen Erinnerung (Quelle?) fußen.
Dass ein viereckiger Turm neben dem "Grabmal" stand, ist sicher. Das zeigt der Ausgrabungsplan von 1844.

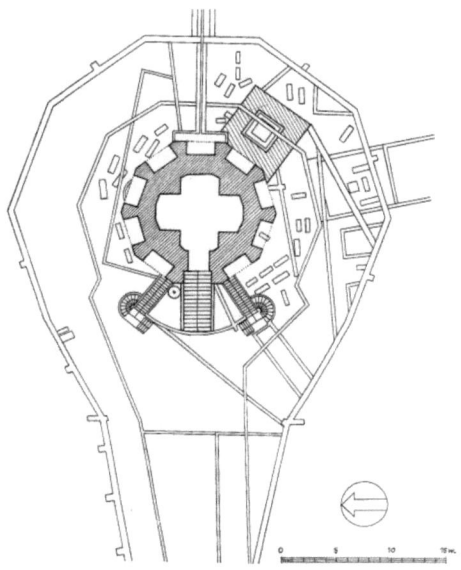

Ausgrabungsplan von 1844 nach einem Stich von KUMMER.
Entnommen aus [BOVINI, 56]

Mein Gegenvorschlag: Der Turm neben dem "Grabmal" war
der Glockenturm in der Phase der Nutzung des "Grabmals"
als Kirche des Benediktinerklosters *S. Maria ad farum*.
Übrigens verweist das Marienpatrozinium frühestens auf das
12. Jh.

Ab wann der Bau als Kirche genutzt wurde, lässt sich nicht
sagen. Das Kloster der hl. Maria wird zwar bei Agnellus
erwähnt. Da ich Agnellus für ein Pseudepigraph halte, ist
dessen Datierung in das 9. Jh. ohne irgendeinen Wert.
Wie oben bereits erwähnt, sehe ich Agnellus' "(Mach)Werk"
erst im 17. Jh.
Auf den Zeichnungen des 15./16. Jh. der Sangallos ist der
Glockenturm nicht dargestellt. Wenn man davon ausgeht,
dass die Zeichnungen Skizzen zur römischen Kunst sind, ist

146

das Weglassen des "neuen" Turms logisch. Ein Beweis für die Nichtexistenz sind die Zeichnungen natürlich nicht. Auch die späteren Stiche zeigen keinen Turm am "versunkenen" Grabmal. Ich vermute, dass der Turm damals bereits wieder abgebrochen war (siehe unten).

Wenn man die Darstellung auf den Gemälden als Bauphasen für den Glockenturm akzeptiert, dürfte dieser im späten 15. Jh. errichtet worden sein.

Die christlichen Gravuren auf den "Henkeln" der Deckplatte und möglicherweise auch das Gemmenkreuz aus Stuck an der Decke des Obergeschoss sind aus dieser Zeit.

Das Fenster in der Ostnische wurde vermauert.
Die repräsentative Gestaltung der Außenflächen des Obergeschosses datiere ich - wie oben bereits erwähnt - in die Klosterzeit.

Vermutlich im 16. Jh. wurde das Kloster verlassen, das dann im 17. Jh. abgebrochen wurde. Das Obergeschoss wurde offenbar bis in die erste Hälfte des 19. Jh. noch als Kirche genutzt und danach möglicherweise säkularisiert.

Die Beisetzung des Papstes Victor II. (angeblich ca. 1020-1057), der 1057 im Mausoleum beigesetzt worden sein soll, ist eine fromme Legende - mehr nicht.

Das versunkene Grabmal

"Inzwischen war dieses eingesunken, so dass 1748 erst die Bögen der Nischen des unteren Geschosses zu sehen waren, die Nischen waren also fast ganz begraben."
[BENDAZZI/RICCI, 169]

Verwunderlich ist, dass das Bauwerk seit seiner Errichtung um 500 n. Chr. bis in das späte 15. Jh. anscheinend unversehrt war und ohne Einschränkungen genutzt werden konnte.

Vermutlich bereits im 16. Jh. aber "versank" das Bauwerk im Untergrund.
Was war passiert? Ich sehe eine mögliche Ursache.

Während bis in das späte 15. Jh. das Bauwerk als isoliertes Gebäude existierte, errichtete man im ausgehenden 15. Jh./Anfang 16. Jh. den Glockenturm unmittelbar daneben.

Durch die zusätzlich in den Untergrund eingetragene Bauwerkslast wurde ein Grundbruch, d. h. das "Versinken" des Bauwerks ausgelöst. Wie bei den Kirchen der Stadt wurde der breiige Baugrundschicht verdrängt, was die plötzlich eingetretenen großen Setzungen verursachte.

Offenbar war der Ursprungszustand diesbezüglich stabil, d. h. die Gebäudelast hatte noch nicht die kritische Baugrundbelastung überschritten. Dazu dürfte der von den Erbauern des Zentralbaus vorgesehene Unterbau maßgeblich beigetragen haben.

"Aus den Ausgrabungen, die unter der Leitung des Hauptmanns eines Pionierkorps Severo Carnevali 1844 vorgenommen wurden, ergab sich, dass das schwere Bauwerk ursprünglich auf einer *Unterlage aus gebrannter Erde und unbehauenen, mit Kalk und Pozzolanerde verbundenen Steinen* errichtet ist." [BOVINI, 11]

Dieser Unterbau diente zur Verteilung der Bauwerkslast auf eine größere Grundfläche.
Durch den Bau des Glockenturms wurde das bestehende Gleichgewicht gestört, womit der Senkungsvorgang initiiert wurde.
Vermutlich begriff man den Fehler zeitnah und stoppte den Bau und baute den Glockenturm sofort wieder zurück.
Natürlich war der Setzungsvorgang irreversibel, trotz des sofortigen Rückbaus des Turms.

Anscheined wurde das Kloster danach aufgegeben, aber die kirchliche Nutzung wurde trotz der gravierenden Beeinträchtigungen zunächst beibehalten.

"In den Jahren 1774–1776 waren an das Obergeschoss, das als Kapelle *S. Maria Rotonda* genutzt wurde, zwei Freitreppen angebaut worden."
[https://de.wikipedia.org/wiki/Mausoleum_des_Theoderich]

Ravenna, sog. Grabmal Theoderichs des Großen. Zustand vor 1844. Entnommen von
[https://de.wikipedia.org/wiki/Mausoleum_des_Theoderich]

Wann die kirchliche Nutzung endgültig aufgegeben wurde, konnte ich nirgendwo finden. Jedoch benennt der Stadtplan von 1907 den Bau noch als S. Maria della Rotonda.

Ravenna, Stadtplan 1907. Ausschnitt Entnommen von [https://de.wikipedia.org/wiki/Ravenna]

Nach der vollständigen Freilegung des Untergeschosses 1918/19 wurden die Treppen wieder beseitigt.

150

Literaturverzeichnis

Arndt, Mario (2015): Die wohlstrukturierte Geschichte: Eine Analyse der Geschichte Alteuropas. BoD Norderstedt

Arndt, Mario (2021): Kaiser Augustus und die erfundene Antike. BoD Norderstedt

Augenti, A. (2007). Theoderic's Palace in Ravenna: a New Analysis of the Complex. L. Lavan, L. Özgenel, A. Sarantis (a Cura Di) Housing in Late Antiquity (Late Antique Archaeology, 3.2), Leiden-Boston-Köln.
https://www.academia.edu/42796326/Theoderic_s_Palace_in_Ravenna_a_New_Analysis_of_the_Complex

Beaufort, Jan (2022-1): Der Caesar des Severus Alexander. Synopse einiger Personen und Ereignisse des 1. Jhs. v. Chr. und des 3. Jhs. n. Chr. (August 2022)

Beaufort, Jan (2022-2): Caesars Augustus. Synopse einiger Personen und Ereignisse des 1. Jhs. v. Chr. und des 3. Jhs. n. Chr. (Entwurf 04.09.2022)

Bendazzi, Wladimiro / Ricci, Riccardo (1984): Ravenna. Mosaiken Kunst Geschichte Archäologie Monumente Museen. Stadtführer. Ravenna

Bovini, Giuseppe (1977): Das Grabmal Theoderichs des Großen. Longo, Ravenna.

Brandenburg, Hugo (2004): Die frühchristlichen Kirchen in Rom vom 4. bis zum 7. Jahrhundert. Der Beginn der abendländischen Kirchenbaukunst. Mailand

Brunhuber, Martin (2016): Theoderichs Ravenna - römische Kaiserresidenz oder ostgotischer Königssitz? Universität Bayreuth, Professur für Alte Geschichte, Hauptseminar theoderich d. Gr. und das ostgotische Italien, Prof. Dr. Ralf Behrwald
https://www.academia.edu/33684967/Theoderichs_Ravenna_r ömische_Kaiserresidenz_oder_ostgotischer_Königssitz

Bustacchini, Gianfranco (1984): Ravenna. Seine Mosaiken, seine Denkmäler, seine Umgebung. Ravenna

Camiz, Alessandro. (2016): La trasformazione veneziana di Ravenna: la Rocca Brancaleone (1457-1470) sulla chiesa di S. Andrea dei Goti (518). In: Defensive architecture of the Mediterranean XV to XVIII centuries Pt. 3 p. XXXVIIff.
https://www.academia.edu/29827236/A_Camiz_La_trasformaz ione_veneziana_di_Ravenna_la_Rocca_Brancaleone_1457_1 470_sulla_chiesa_di_S_Andrea_dei_Goti_518_in_G_Verdiani _ed_Defensive_architecture_of_the_Mediterranean_XV_to_X VIII_Centuries_vol_3_DIDApress_Firenze_2016_pp_XXXVII_ XLIV_ISBN_9788896080603

Demandt, Alexander (2008): Geschichte der Spätantike. Das Römische Reich von Diocletian bis Justinian 284-565 n. Chr. 2. Aufl., Verlag C.H.Beck, München

Effenberger, Arne (1986): Frühchristliche Kunst und Kultur. Von den Anfängen bis zum 7. Jahrhundert. Koehler & Amelang Leipzig

Frommel, Christoph Luitpold (1994): The architectural drawings of Antonio da Sangallo the Younger and his circle, Bd. 1: Fortifications, machines and festival architecture, Cambridge, Mass., 1-60. http://archiv.ub.uni-heidelberg.de/artdok/7110/1/Frommel_Introduction_The_drawi ngs_of_Antonio_da_Sangallo_the_Younger_1994.pdf

Incerti, Manuela & Lavoratti, Gaia & Iurilli, S. (2016). Survey, archaeoastronomy and communication: The mausoleum of theodoric in Ravenna (Italy). Mediterranean Archaeology and Archaeometry, Vol. 16, No 4, pp. 437-446. 10.5281/zenodo.220968.

Jäggi, Carola (2013): Spolien in Ravenna - Spolien aus Ravenna: Transformation einer Stadt von der Antike bis in die frühe Neuzeit. In: Altekamp, Stefan; Marcks-Jacobs, Carmen; Seiler, Peter. Perspektiven der Spolienforschung 1: Spoliierung und Transposition. Berlin: De Gruyter, 287-330. https://doi.org/10.5167/uzh-86801

Jänecke, Wilhelm (1928): Die drei Streitfragen am Grabmal Theoderichs. Sitzungsberichte der Heidelberger Akademie der Wissenschaften, Philosophisch-Historische Klasse (1927/28, 3. Abhandlung), Heidelberg
https://doi.org/10.11588/diglit.38937#0003

Meisegeier, Michael (2017): Der frühchristliche Kirchenbau - das Produkt eines Chronologiefehlers. Versuch einer Neueinordnung mit Hilfe der HEINSOHN-These. BoD Norderstedt

Meisegeier, Michael (2019-1): Frühe Kirchenbauten in Mitteldeutschland. Alternative Rekonstruktionen der Baugeschichten. 2. überarbeitete und ergänzte Auflage. BoD Norderstedt

Meisegeier, Michael (2019-2): Frühe Kirchenbauten in Deutschland - alle zu früh datiert. Kirchenbau ohne Karolinger, Ottonen, Salier, Staufer. BoD Norderstedt

Meisegeier, Michael (2020-2): Frühe Kirchenbauten in Italien. Alternative Rekonstruktionen der Baugeschichten. BoD Norderstedt

Meisegeier, Michael (2021): Frühe Kirchenbauten in Spanien und Portugal. Alternative Rekonstruktionen der Baugeschichten. BoD Norderstedt

Meisegeier, Michael (2022): Kein frühchristlicher Kirchenbau in Nordafrika - stattdessen eine afrikanische Romanik. BoD Norderstedt

Meisegeier, Michael (2023): Frühe Kirchenbauten in Syrien, Konstantinopel, Jerusalem und im Heiligen Land. Eine alternative Sicht auf den frühen Kirchenbau in Byzanz und die Kreuzzüge. BoD Norderstedt

Niebaum, Jens (2007): Die spätantiken Rotunden an Alt-St.-Peter in Rom, mit Anmerkungen zum Erweiterungsprojekt Nikolaus' V. für die Peterskirche und zur Aufstellung von Michelangelos römischer Pietà", in: *Marburger Jahrbuch für Kunstwissenschaft* 34 (2007; ersch. 2008), 101–161. http://www.jstor.org/stable/40027374

Novara, Paola (1988): I capitelli del "Palazzetto veneziano" di Ravenna. Estratto del Bollettino Economico della Camera die Commercio di Ravenna, anno 88, n. 6, pp. 1-22 https://www.academia.edu/19811238/I_capitelli_del_Palazzett o_veneziano_di_Ravenna

de Palol, Pedro / Ripoll, Gisela (1999): Die Goten. Geschichte und Kunst in Westeuropa. Weltbild Verlag, Augsburg (Druck: Bechtermünz Verlag)

Урбанович Георгий (2015). Особенности становления североафриканской раннехристианской архитектуры (iv±v вв.) в связи с традицией поминания и почитания мучеников. Вестник Православного Свято-Тихоновского гуманитарного университета. Серия 5: Вопросы истории и теории христианского искусства, (3 (19)), 7-26.
(Urbanovich, George. Features of the North African. Early Christian Architecture (4th-5th Centuries) in Connection with the Tradition of Remembrance and Veneration of the Martyrs)

- o. A. (ohne Verfasser- u. Jahresangabe): Ravenna und seine Geschichte. Edizioni Salera/Ravenna

Veröffentlichungen des Autors zum frühen Kirchenbau:

"Der frühchristliche Kirchenbau - das Produkt eines Chronologiefehlers. Versuch einer Neueinordnung mit Hilfe der HEINSOHN-These"
Im Anhang u. a. *Exkurs: Die Erschaffung der karolingischen und ottonischen Baukunst*
2017, 280 S., BoD - Books on Demand, Norderstedt
ISBN: 9783848256686

"Das Heilige Grab in Gernrode - alles klar, oder? Eine alternative Baugeschichte"
Im Anhang *Exkurs: Die "Reliquienkammer" in der Ostkrypta der Stiftskirche in Gernrode*
2018, 60 S., BoD-Books on Demand, Norderstedt
ISBN: 9783746097381

"Die ottonischen Kirchen St. Servatii, St. Wiperti und St. Marien in Quedlinburg. Eine notwendige Revision"
2018, 104 S., BoD-Books on Demand, Norderstedt
ISBN: 9783752824902

"Frühe Kirchenbauten in Mitteldeutschland. Alternative Rekonstruktionen der Baugeschichten"
2. überarbeitete und ergänzte Auflage
Im Anhang*: Frühe Geschichte Mitteldeutschlands - Versuch einer Rekonstruktion*
2019, 302 S., BoD-Books on Demand, Norderstedt
ISBN: 9783749454624

"Frühe Kirchenbauten in Deutschland - alle zu früh datiert. Kirchenbau ohne Karolinger, Ottonen, Salier, Staufer"
Im Anhang: *Exkurs: Schweizer Beispiele*
2019, 284 S., BoD - Books on Demand, Norderstedt
ISBN: 9783749483129

"Frühe Kirchenbauten in Frankreich. Alternative Rekonstruktionen der Baugeschichten"
Im Anhang: *Frühe Kirchenbauten in Deutschland und in der Schweiz - eine Nachlese*
2020, 204 S., BoD - Books on Demand, Norderstedt
ISBN: 9783750436848

"Frühe Kirchenbauten in Italien. Alternative Rekonstruktionen der Baugeschichten"
2020, 308 S., BoD - Books on Demand, Norderstedt
ISBN: 9783751934053

"Frühe Kirchenbauten in England, Schottland und Irland. Alternative Rekonstruktionen der Baugeschichten"
2020, 260 S., BoD - Books on Demand, Norderstedt
ISBN: 9783752689587

"Frühe Kirchenbauten in Spanien und Portugal. Alternative Rekonstruktionen der Baugeschichten"
2021, 444 S., BoD - Books on Demand, Norderstedt
ISBN: 9783754321416

"Kein frühchristlicher Kirchenbau in Nordafrika - stattdessen eine afrikanische Romanik"
2022, 2. überarbeitete Auflage, 468 S., BoD - Books on Demand, Norderstedt
ISBN: 9783755723523

"Frühe Kirchenbauten in Syrien, Konstantinopel, Jerusalem und im Heiligen Land. Eine alternative Sicht auf den frühen Kirchenbau in Byzanz und die Kreuzzüge"
2023, 464 S., BoD–Books on Demand, Norderstedt
ISBN: 9783734718861